# 2024
# 中国妇女儿童状况统计资料

国家统计局社会科技和文化产业统计司 编

中国统计出版社
China Statistics Press

图书在版编目（CIP）数据

中国妇女儿童状况统计资料．2024 / 国家统计局社会科技和文化产业统计司编．-- 北京：中国统计出版社，2024．12．-- ISBN 978-7-5230-0605-4

Ⅰ．D432.7-66；D442.7-66

中国国家版本馆CIP数据核字第2024HH4399号

中国妇女儿童状况统计资料 2024

作　　者 / 国家统计局社会科技和文化产业统计司
责任编辑 / 张　怡
封面设计 / 黄　晨
出版发行 / 中国统计出版社有限公司
通信地址 / 北京市丰台区西三环南路甲6号 邮政编码 /100073
发行电话 / 邮购 (010)63376909　书店 (010)68783171
网　　址 / http://www.zgtjcbs.com
印　　刷 / 河北宝昌佳彩印刷有限公司
经　　销 / 新华书店
开　　本 / 880mm×1230mm　1/32
字　　数 / 256千字
印　　张 / 5.875
版　　别 / 2024年12月第1版
版　　次 / 2024年12月第1次印刷
定　　价 / 80.00元

# 《中国妇女儿童状况统计资料 2024》编辑部

UNFPA
联合国人口基金

unicef
联合国儿童基金会
携手为儿童

本书的出版得到了联合国人口基金驻华代表处和联合国儿童基金会驻华办事处的大力支持，谨此致谢。

# 说　明

一、《中国妇女儿童状况统计资料 2024》是一本全面反映中国妇女儿童发展现状的综合性统计资料。该资料汇集了 2023 年中国妇女儿童事业发展情况的相关数据以及 2010 年以来主要年份的相关数据。

二、按照《中国妇女发展纲要（2021—2030 年）》和《中国儿童发展纲要（2021—2030 年）》，该资料包括人口与经济、卫生保健、教育、就业与社会保障、社会服务、社会参与、科技、体育、法律保护、生活和社会环境以及分地区统计资料等十一个章节，并附有主要统计指标解释。

三、该资料主要来源于各相关部门的统计年报和统计年鉴、国家统计局相关统计资料。

四、该资料涉及的各项统计数据除森林资源外均未包括香港、澳门特别行政区和台湾省数据。

五、该资料中东部地区包括：北京、天津、河北、上海、江苏、浙江、福建、山东、广东和海南。中部地区包括：山西、安徽、江西、河南、湖北和湖南。西部地区包括：内蒙古、广西、重庆、四川、贵州、云南、西藏、陕西、甘肃、青海、宁夏和新疆。东北地区包括：辽宁、吉林和黑龙江。

六、该资料中部分数据的合计数或相对数由于四舍五入及计量单位取舍不同可能会产生计算误差，均未作机械调整；“#”表示其中主要项；“空格”表示数据为 0、数据不详或没有数据；“…”表示数据不足该表最小单位。

七、该资料的出版得到了国务院妇女儿童工作委员会办公室、最高人民法院、最高人民检察院、教育部、公安部、民政部、司法部、人力资源社会保障部、水利部、文化和旅游部、国家卫生健康委员会、国家广播电视总局、国家体育总局、国家医疗保障局、国家疾控局、国家新闻出版署、国家电影局、中华全国总工会、中华全国妇女联合会、中国科学技术协会、中国残疾人联合会、共青团中央以及统战部等单位的大力支持，在此一并表示感谢！

数字可以给言辞以相当大的力量
——改变政策进而改变世界的力量

——摘自联合国《1970–1990年世界妇女状况》

# 目 录

## 一、人口与经济



## 二、卫生保健

## 三、教育

## 四、就业与社会保障



## 五、社会服务

## 七、科技



## 八、体育

## 九、法律保护



## 十、生活和社会环境

## 十一、分地区统计资料

本书出版首印次用于赠阅

# 一、人口与经济

## 表1.1 年末人口数及其构成

| 分组 | 2022年 | | 2023年 | |
|---|---|---|---|---|
| | 人口数(万人) | 比重(%) | 人口数(万人) | 比重(%) |
| **合计** | **141175** | **100.0** | **140967** | **100.0** |
| #城镇 | 92071 | 65.2 | 93267 | 66.2 |
| 乡村 | 49104 | 34.8 | 47700 | 33.8 |
| #男性 | 72206 | 51.2 | 72032 | 51.1 |
| 女性 | 68969 | 48.9 | 68935 | 48.9 |
| #0–14岁 | 23908 | 16.9 | 23063 | 16.3 |
| 15–64岁 | 96289 | 68.2 | 96228 | 68.3 |
| 65岁及以上 | 20978 | 14.9 | 21676 | 15.4 |

资料来源：国家统计局，《中国统计年鉴2024》。

## 表1.2 人口自然变动情况

| 年份 | 年末总人口(万人) | 出生率(‰) | 死亡率(‰) | 自然增长率(‰) |
|---|---|---|---|---|
| 2010 | 134091 | 11.90 | 7.11 | 4.79 |
| 2011 | 134916 | 13.27 | 7.14 | 6.13 |
| 2012 | 135922 | 14.57 | 7.13 | 7.43 |
| 2013 | 136726 | 13.03 | 7.13 | 5.90 |
| 2014 | 137646 | 13.83 | 7.12 | 6.71 |
| 2015 | 138326 | 11.99 | 7.07 | 4.93 |
| 2016 | 139232 | 13.57 | 7.04 | 6.53 |
| 2017 | 140011 | 12.64 | 7.06 | 5.58 |
| 2018 | 140541 | 10.86 | 7.08 | 3.78 |
| 2019 | 141008 | 10.41 | 7.09 | 3.32 |
| 2020 | 141212 | 8.52 | 7.07 | 1.45 |
| 2021 | 141260 | 7.52 | 7.18 | 0.34 |
| 2022 | 141175 | 6.77 | 7.37 | -0.60 |
| 2023 | 140967 | 6.39 | 7.87 | -1.48 |

资料来源：国家统计局，《中国统计年鉴2024》。

## 表1.3 2023年按年龄分人口数及性别构成

| 年龄(岁) | 样本人口数(人) | #女 | 性别构成(%) 男 | 女 |
|---|---|---|---|---|
| **合计** | **1482230** | **725772** | **51.0** | **49.0** |
| 0—4 | 57537 | 27492 | 52.2 | 47.8 |
| 5—9 | 90498 | 42744 | 52.8 | 47.2 |
| 10—14 | 94775 | 44208 | 53.4 | 46.6 |
| 15—19 | 85813 | 39858 | 53.6 | 46.4 |
| 20—24 | 73696 | 34483 | 53.2 | 46.8 |
| 25—29 | 84358 | 39756 | 52.9 | 47.1 |
| 30—34 | 113258 | 54362 | 52.0 | 48.0 |
| 35—39 | 118381 | 57624 | 51.3 | 48.7 |
| 40—44 | 101291 | 49338 | 51.3 | 48.7 |
| 45—49 | 102401 | 50281 | 50.9 | 49.1 |
| 50—54 | 126579 | 62634 | 50.5 | 49.5 |
| 55—59 | 120926 | 60456 | 50.0 | 50.0 |
| 60—64 | 84465 | 42585 | 49.6 | 50.4 |
| 65—69 | 81497 | 41295 | 49.3 | 50.7 |
| 70—74 | 64545 | 33532 | 48.0 | 52.0 |
| 75—79 | 39405 | 20837 | 47.1 | 52.9 |
| 80+ | 42805 | 24288 | 43.3 | 56.7 |

资料来源:国家统计局，《中国统计年鉴2024》。
注:本表是2023年全国人口变动情况抽样调查样本数据，抽样比为1.051‰。

## 表1.4 平均预期寿命

单位：岁

| 年份 | 合计 | 男 | 女 | 女性-男性 |
| --- | --- | --- | --- | --- |
| 1981 | 67.77 | 66.28 | 69.27 | 2.99 |
| 1990 | 68.55 | 66.84 | 70.47 | 3.63 |
| 2000 | 71.40 | 69.63 | 73.33 | 3.70 |
| 2005 | 72.95 | 70.83 | 75.25 | 4.42 |
| 2010 | 74.83 | 72.38 | 77.37 | 4.99 |
| 2015 | 76.34 | 73.64 | 79.43 | 5.79 |
| 2020 | 77.93 | 75.37 | 80.88 | 5.51 |

资料来源：国家统计局，《中国统计年鉴2024》。

## 表1.5 人口性别比、平均家庭户规模和少儿抚养比

| 年份 | 人口性别比（女=100） | | 平均家庭户规模（人/户） | 少儿抚养比（%） |
| --- | --- | --- | --- | --- |
| | 出生人口性别比 | 总人口性别比 | | |
| 2010 | 118.1 | 105.2 | 3.10 | 22.27 |
| 2011 | 117.8 | 105.2 | 3.02 | 22.10 |
| 2012 | 117.7 | 105.1 | 3.02 | 22.20 |
| 2013 | 117.6 | 105.1 | 2.98 | 22.20 |
| 2014 | 115.9 | 105.1 | 2.97 | 22.45 |
| 2015 | 113.5 | 105.0 | 3.10 | 22.63 |
| 2016 | 113.4 | 105.0 | 3.11 | 22.95 |
| 2017 | 111.9 | 104.8 | 3.03 | 23.39 |
| 2018 | | 104.6 | 3.00 | 23.68 |
| 2019 | | 104.5 | 2.92 | 23.76 |
| 2020 | 111.3 | 105.1 | 2.62 | 26.24 |
| 2021 | | 104.9 | 2.77 | 25.60 |
| 2022 | | 104.4 | 2.76 | 24.88 |
| 2023 | | 104.2 | 2.80 | 24.01 |

资料来源：国家统计局，《中国统计年鉴2024》。

## 表1.6 全国0–17岁儿童人数及占总人口比重

| 分组 | 2010年 | | 2020年 | |
|---|---|---|---|---|
| | 人数（亿人） | 比重（%） | 人数（亿人） | 比重（%） |
| **总人口** | **13.4** | **100.0** | **14.1** | **100.0** |
| #儿童 | 2.79 | 20.9 | 2.98 | 21.1 |
| 男童 | 1.50 | 11.2 | 1.58 | 11.2 |
| 女童 | 1.29 | 9.7 | 1.39 | 9.9 |

资料来源：国家统计局，根据2010年和2020年全国人口普查汇总资料计算整理。

## 表1.7 国内生产总值及指数

| 年份 | 国内生产总值（GDP） | | 人均国内生产总值 | |
|---|---|---|---|---|
| | 绝对数（亿元） | 指数（上年=100） | 绝对数（元） | 指数（上年=100） |
| 2010 | 412119 | 110.6 | 30808 | 110.1 |
| 2011 | 487940 | 109.6 | 36277 | 109.0 |
| 2012 | 538580 | 107.9 | 39771 | 107.1 |
| 2013 | 592963 | 107.8 | 43497 | 107.1 |
| 2014 | 643563 | 107.4 | 46912 | 106.8 |
| 2015 | 688858 | 107.0 | 49922 | 106.4 |
| 2016 | 746395 | 106.8 | 53783 | 106.2 |
| 2017 | 832036 | 106.9 | 59592 | 106.3 |
| 2018 | 919281 | 106.7 | 65534 | 106.3 |
| 2019 | 986515 | 106.0 | 70078 | 105.6 |
| 2020 | 1013567 | 102.2 | 71828 | 102.0 |
| 2021 | 1149237 | 108.4 | 81370 | 108.4 |
| 2022 | 1204724 | 103.0 | 85310 | 103.0 |
| 2023 | 1260582 | 105.2 | 89358 | 105.4 |

资料来源：国家统计局，《中国统计年鉴2024》。
注：绝对数按当年价格计算，指数按不变价格计算。

## 表1.8 居民人均收支情况

单位：元

| 年 份 | 居民人均可支配收入 | | | 居民人均消费支出 | | |
|---|---|---|---|---|---|---|
| | 合计 | 城镇 | 农村 | 合计 | 城镇 | 农村 |
| 2013 | 18310.8 | 26467.0 | 9429.6 | 13220.4 | 18487.5 | 7485.1 |
| 2014 | 20167.1 | 28843.9 | 10488.9 | 14491.4 | 19968.1 | 8382.6 |
| 2015 | 21966.2 | 31194.8 | 11421.7 | 15712.4 | 21392.4 | 9222.6 |
| 2016 | 23821.0 | 33616.2 | 12363.4 | 17110.7 | 23078.9 | 10129.8 |
| 2017 | 25973.8 | 36396.2 | 13432.4 | 18322.1 | 24445.0 | 10954.5 |
| 2018 | 28228.0 | 39250.8 | 14617.0 | 19853.1 | 26112.3 | 12124.3 |
| 2019 | 30732.8 | 42358.8 | 16020.7 | 21558.9 | 28063.4 | 13327.7 |
| 2020 | 32188.8 | 43833.8 | 17131.5 | 21209.9 | 27007.4 | 13713.4 |
| 2021 | 35128.1 | 47411.9 | 18930.9 | 24100.1 | 30307.2 | 15915.6 |
| 2022 | 36883.3 | 49282.9 | 20132.8 | 24538.2 | 30390.8 | 16632.1 |
| 2023 | 39218.0 | 51820.7 | 21690.9 | 26795.7 | 32994.0 | 18175.0 |

资料来源：国家统计局，《中国统计年鉴2024》。

## 表1.9 一般公共预算收支总额

单位：亿元

| 年 份 | 一般公共预算收入 | 中央 | 地方 | 一般公共预算支出 | 中央 | 地方 |
|---|---|---|---|---|---|---|
| 2010 | 83101.5 | 42488.5 | 40613.0 | 89874.2 | 15989.7 | 73884.4 |
| 2011 | 103874.4 | 51327.3 | 52547.1 | 109247.8 | 16514.1 | 92733.7 |
| 2012 | 117253.5 | 56175.2 | 61078.3 | 125953.0 | 18764.6 | 107188.3 |
| 2013 | 129209.6 | 60198.5 | 69011.2 | 140212.1 | 20471.8 | 119740.3 |
| 2014 | 140370.0 | 64493.5 | 75876.6 | 151785.6 | 22570.1 | 129215.5 |
| 2015 | 152269.2 | 69267.2 | 83002.0 | 175877.8 | 25542.2 | 150335.6 |
| 2016 | 159605.0 | 72365.6 | 87239.4 | 187755.2 | 27403.9 | 160351.4 |
| 2017 | 172592.8 | 81123.4 | 91469.4 | 203085.5 | 29857.2 | 173228.3 |
| 2018 | 183359.8 | 85456.5 | 97903.4 | 220904.1 | 32707.8 | 188196.3 |
| 2019 | 190390.1 | 89309.5 | 101080.6 | 238858.4 | 35115.2 | 203743.2 |
| 2020 | 182913.9 | 82770.7 | 100143.2 | 245679.0 | 35095.6 | 210583.5 |
| 2021 | 202554.6 | 91470.4 | 111084.2 | 245673.0 | 35050.0 | 210623.0 |
| 2022 | 203649.3 | 94887.1 | 108762.2 | 260552.1 | 35570.8 | 224981.3 |
| 2023 | 216795.4 | 99566.7 | 117228.7 | 274622.9 | 38219.5 | 236403.5 |

资料来源：国家统计局，《中国统计年鉴2024》。
注：1.一般公共预算收入不包括国内外债务收入。
2.一般公共预算支出中包括国内外债务付息支出。

## 表1.10 国家财政收支增长速度

单位：%

| 年份 | 一般公共预算收入 | 一般公共预算支出 |
|---|---|---|
| 2010 | 21.3 | 17.8 |
| 2011 | 25.0 | 21.6 |
| 2012 | 12.9 | 15.3 |
| 2013 | 10.2 | 11.3 |
| 2014 | 8.6 | 8.3 |
| 2015 | 5.8 | 13.2 |
| 2016 | 4.5 | 6.3 |
| 2017 | 7.4 | 7.6 |
| 2018 | 6.2 | 8.7 |
| 2019 | 3.8 | 8.1 |
| 2020 | -3.9 | 2.9 |
| 2021 | 10.7 | … |
| 2022 | 0.5 | 6.1 |
| 2023 | 6.5 | 5.4 |

资料来源：国家统计局，《中国统计年鉴2024》。

## 表1.11 教育经费情况

单位：亿元

| 年份 | 教育经费总投入 | #国家财政性教育经费 | 国家财政性教育经费与GDP之比(%) |
|---|---|---|---|
| 2010 | 19561.9 | 14670.1 | 3.65 |
| 2011 | 23869.3 | 18586.7 | 3.93 |
| 2012 | 28655.3 | 23147.6 | 4.28 |
| 2013 | 30364.7 | 24488.2 | 4.16 |
| 2014 | 32806.5 | 26420.6 | 4.10 |
| 2015 | 36129.2 | 29221.5 | 4.26 |
| 2016 | 38888.4 | 31396.3 | 4.22 |
| 2017 | 42562.0 | 34207.8 | 4.14 |
| 2018 | 46143.0 | 36995.8 | 4.11 |
| 2019 | 50175.0 | 40049.0 | 4.04 |
| 2020 | 53033.9 | 42908.2 | 4.22 |
| 2021 | 57873.7 | 45835.3 | 4.01 |
| 2022 | 61329.1 | 48472.9 | 4.01 |
| 2023 | 64595.0 | 50439.5 | 4.00 |

资料来源：教育部等，历年全国教育经费执行情况统计公告。

## 表1.12 卫生总费用

单位：亿元

| 年 份 | 合 计 | 政府卫生支出 | 社会卫生支出 | 个人卫生支出 | 卫生总费用与GDP之比(%) |
|---|---|---|---|---|---|
| 2010 | 19980.4 | 5732.5 | 7196.6 | 7051.3 | 4.84 |
| 2011 | 24345.9 | 7464.2 | 8416.5 | 8465.3 | 4.98 |
| 2012 | 28119.0 | 8432.0 | 10030.7 | 9656.3 | 5.20 |
| 2013 | 31669.0 | 9545.8 | 11393.8 | 10729.3 | 5.32 |
| 2014 | 35312.4 | 10579.2 | 13437.8 | 11295.4 | 5.48 |
| 2015 | 40974.6 | 12475.3 | 16506.7 | 11992.7 | 5.95 |
| 2016 | 46344.9 | 13910.3 | 19096.7 | 13337.9 | 6.23 |
| 2017 | 52598.3 | 15205.9 | 22258.8 | 15133.6 | 6.36 |
| 2018 | 59121.9 | 16399.1 | 25810.8 | 16912.0 | 6.43 |
| 2019 | 65841.4 | 18017.0 | 29150.6 | 18673.9 | 6.67 |
| 2020 | 72175.0 | 21941.9 | 30273.7 | 19959.4 | 7.10 |
| 2021 | 76845.0 | 20676.1 | 34963.3 | 21205.7 | 6.69 |
| 2022 | 85327.5 | 24040.9 | 38345.7 | 22940.9 | 7.05 |
| 2023 | 90575.8 | 24147.9 | 41676.8 | 24751.1 | 7.19 |

资料来源：国家卫生健康委。
注：本表系按当年价格核算数。

# 二、卫生保健

## 表2.1 全国妇幼保健机构基本情况

| 年份 | 妇幼保健院(所、站) | | | |
|---|---|---|---|---|
| | 机构数(个) | 床位数(张) | 诊疗人次(万人次) | #妇幼保健院 |
| 2010 | 3025 | 134364 | 15967.3 | 14224.8 |
| 2011 | 3036 | 145866 | 17568.9 | 15673.9 |
| 2012 | 3044 | 161560 | 20148.1 | 18150.7 |
| 2013 | 3144 | 175476 | 21508.1 | 19432.0 |
| 2014 | 3098 | 184815 | 23229.2 | 21105.5 |
| 2015 | 3078 | 195352 | 23529.1 | 21472.4 |
| 2016 | 3063 | 206538 | 26400.6 | 24280.4 |
| 2017 | 3077 | 221136 | 28370.3 | 26341.1 |
| 2018 | 3080 | 232848 | 29246.5 | 27331.1 |
| 2019 | 3071 | 243232 | 31511.7 | 29714.5 |
| 2020 | 3052 | 252920 | 27309.8 | 25782.3 |
| 2021 | 3032 | 260132 | 30723.1 | 29246.7 |
| 2022 | 3031 | 273477 | 29692.1 | 28573.9 |
| 2023 | 3063 | 285440 | 31385.4 | |

资料来源：国家卫生健康委。

## 表2.1 续表

| 年份 | 儿童医院 | | 妇产(科)医院 | |
|---|---|---|---|---|
| | 机构数(个) | 床位数(张) | 机构数(个) | 床位数(张) |
| 2010 | 72 | 24582 | 398 | 26453 |
| 2011 | 79 | 25690 | 442 | 29545 |
| 2012 | 89 | 28273 | 495 | 32902 |
| 2013 | 96 | 30961 | 558 | 37693 |
| 2014 | 99 | 33819 | 622 | 43707 |
| 2015 | 114 | 37479 | 703 | 50698 |
| 2016 | 117 | 38148 | 757 | 57087 |
| 2017 | 117 | 40218 | 773 | 60364 |
| 2018 | 129 | 42725 | 807 | 62267 |
| 2019 | 141 | 45082 | 809 | 60618 |
| 2020 | 151 | 46692 | 807 | 62403 |
| 2021 | 151 | 47866 | 793 | 62338 |
| 2022 | 158 | | 762 | |

## 表2.2 监测地区新生儿死亡率

单位：‰

| 年 份 | 合 计 | 城市 | 农村 |
|---|---|---|---|
| 2010 | 8.3 | 4.1 | 10.0 |
| 2011 | 7.8 | 4.0 | 9.4 |
| 2012 | 6.9 | 3.9 | 8.1 |
| 2013 | 6.3 | 3.7 | 7.3 |
| 2014 | 5.9 | 3.5 | 6.9 |
| 2015 | 5.4 | 3.3 | 6.4 |
| 2016 | 4.9 | 2.9 | 5.7 |
| 2017 | 4.5 | 2.6 | 5.3 |
| 2018 | 3.9 | 2.2 | 4.7 |
| 2019 | 3.5 | 2.0 | 4.1 |
| 2020 | 3.4 | 2.1 | 3.9 |
| 2021 | 3.1 | 1.9 | 3.6 |
| 2022 | 3.1 | 1.8 | 3.6 |
| 2023 | 2.8 | 1.7 | 3.2 |

资料来源：国家卫生健康委。
注：城市包括直辖市区和地级市辖区，农村包括县及县级市。下同。

## 表2.3 监测地区婴儿死亡率

单位：‰

| 年 份 | 合 计 | 城市 | 农村 |
|---|---|---|---|
| 2010 | 13.1 | 5.8 | 16.1 |
| 2011 | 12.1 | 5.8 | 14.7 |
| 2012 | 10.3 | 5.2 | 12.4 |
| 2013 | 9.5 | 5.2 | 11.3 |
| 2014 | 8.9 | 4.8 | 10.7 |
| 2015 | 8.1 | 4.7 | 9.6 |
| 2016 | 7.5 | 4.2 | 9.0 |
| 2017 | 6.8 | 4.1 | 7.9 |
| 2018 | 6.1 | 3.6 | 7.3 |
| 2019 | 5.6 | 3.4 | 6.6 |
| 2020 | 5.4 | 3.6 | 6.2 |
| 2021 | 5.0 | 3.2 | 5.8 |
| 2022 | 4.9 | 3.1 | 5.7 |
| 2023 | 4.5 | 2.9 | 5.2 |

资料来源：国家卫生健康委。

## 表2.4 监测地区5岁以下儿童死亡率

单位：‰

| 年 份 | 合 计 | 城市 | 农村 |
|---|---|---|---|
| 2010 | 16.4 | 7.3 | 20.1 |
| 2011 | 15.6 | 7.1 | 19.1 |
| 2012 | 13.2 | 5.9 | 16.2 |
| 2013 | 12.0 | 6.0 | 14.5 |
| 2014 | 11.7 | 5.9 | 14.2 |
| 2015 | 10.7 | 5.8 | 12.9 |
| 2016 | 10.2 | 5.2 | 12.4 |
| 2017 | 9.1 | 4.8 | 10.9 |
| 2018 | 8.4 | 4.4 | 10.2 |
| 2019 | 7.8 | 4.1 | 9.4 |
| 2020 | 7.5 | 4.4 | 8.9 |
| 2021 | 7.1 | 4.1 | 8.5 |
| 2022 | 6.8 | 4.2 | 8.0 |
| 2023 | 6.2 | 3.9 | 7.2 |

资料来源：国家卫生健康委。

## 表2.5 监测地区孕产妇死亡率

单位：1/10万

| 年 份 | 合 计 | 城市 | 农村 |
|---|---|---|---|
| 2010 | 30.0 | 29.7 | 30.1 |
| 2011 | 26.1 | 25.2 | 26.5 |
| 2012 | 24.5 | 22.2 | 25.6 |
| 2013 | 23.2 | 22.4 | 23.6 |
| 2014 | 21.7 | 20.5 | 22.2 |
| 2015 | 20.1 | 19.8 | 20.2 |
| 2016 | 19.9 | 19.5 | 20.0 |
| 2017 | 19.6 | 16.6 | 21.1 |
| 2018 | 18.3 | 15.5 | 19.9 |
| 2019 | 17.8 | 16.5 | 18.6 |
| 2020 | 16.9 | 14.1 | 18.5 |
| 2021 | 16.1 | 15.4 | 16.5 |
| 2022 | 15.7 | 14.3 | 16.6 |
| 2023 | 15.1 | 12.5 | 17.0 |

资料来源：国家卫生健康委。

## 表2.6 住院分娩率

单位：%

| 年 份 | 合 计 | 城市 | 农村 |
|---|---|---|---|
| 2010 | 97.8 | 99.2 | 96.7 |
| 2011 | 98.7 | 99.6 | 98.1 |
| 2012 | 99.2 | 99.7 | 98.8 |
| 2013 | 99.5 | 99.9 | 99.2 |
| 2014 | 99.6 | 99.9 | 99.4 |
| 2015 | 99.7 | 99.9 | 99.5 |
| 2016 | 99.8 | 100.0 | 99.6 |
| 2017 | 99.9 | 100.0 | 99.8 |
| 2018 | 99.9 | 100.0 | 99.8 |
| 2019 | 99.9 | 100.0 | 99.8 |
| 2020 | 99.9 | 100.0 | 99.9 |
| 2021 | 99.9 | 100.0 | 99.9 |
| 2022 | 99.9 | 100.0 | 99.9 |
| 2023 | 99.9 | 100.0 | 99.9 |

资料来源：国家卫生健康委。

## 图 2.1 18 岁以下儿童伤害死亡率

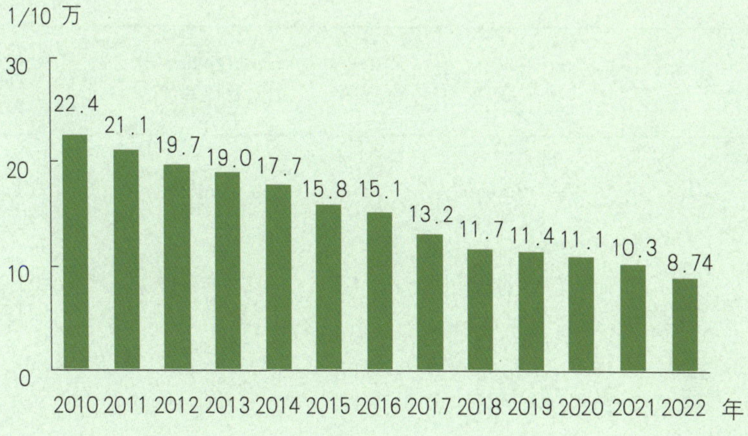


资料来源：国家卫生健康委。

## 表2.7 儿童健康情况

单位：%

| 年 份 | 新生儿访视率 | 5岁以下儿童低体重患病率 | 3岁以下儿童系统管理率 | 7岁以下儿童健康管理率 |
|---|---|---|---|---|
| 2010 | 89.6 | 1.55 | 81.5 | 83.4 |
| 2011 | 90.6 | 1.51 | 84.6 | 85.8 |
| 2012 | 91.8 | 1.44 | 87.0 | 88.9 |
| 2013 | 93.2 | 1.37 | 89.0 | 90.7 |
| 2014 | 93.6 | 1.48 | 89.8 | 91.3 |
| 2015 | 94.3 | 1.49 | 90.7 | 92.1 |
| 2016 | 94.6 | 1.44 | 91.1 | 92.4 |
| 2017 | 93.9 | 1.40 | 91.1 | 92.6 |
| 2018 | 93.7 | 1.43 | 91.2 | 92.7 |
| 2019 | 94.1 | 1.37 | 91.9 | 93.6 |
| 2020 | 95.5 | 1.19 | 92.9 | 94.3 |
| 2021 | 96.2 | 1.21 | 92.8 | 94.6 |
| 2022 | 96.7 | 1.20 | 93.3 | 94.9 |
| 2023 | 97.4 | 1.19 | 94.3 | 95.9 |

资料来源：国家卫生健康委、国家疾控局。

## 表2.7 续表

单位：%

| 年 份 | 小学生近视率 | 初中生近视率 | 高中生近视率 | 0—6岁儿童眼保健和视力检查覆盖率 |
|---|---|---|---|---|
| 2020 | 35.6 | 71.1 | 80.5 | 91.8 |
| 2021 | 35.5 | 71.1 | 81.1 | 93.0 |
| 2022 | 36.7 | 71.4 | 81.2 | 93.6 |
| 2023 | | | | 95.1 |

## 图 2.2　2023 年国家免疫规划疫苗接种率

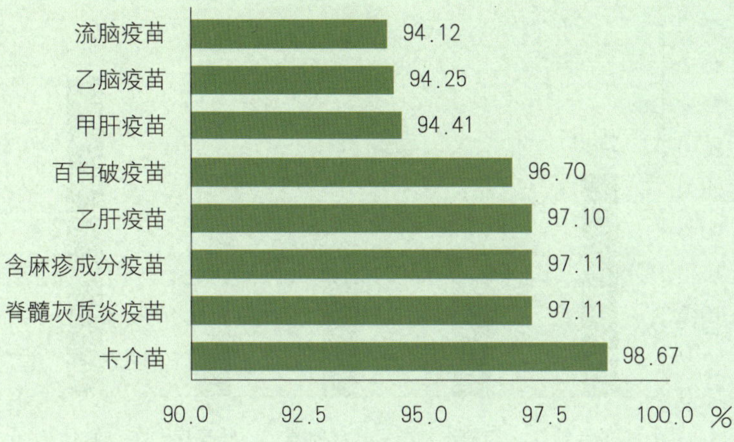


资料来源：国家疾控局。

## 表2.8　孕产妇保健情况

单位：%

| 年 份 | 孕产妇建卡率 | 孕产妇系统管理率 | 产前检查率 | 产后访视率 |
|---|---|---|---|---|
| 2010 | 92.9 | 84.1 | 94.1 | 90.8 |
| 2011 | 93.8 | 85.2 | 93.7 | 91.0 |
| 2012 | 94.8 | 87.6 | 95.0 | 92.6 |
| 2013 | 95.7 | 89.5 | 95.6 | 93.5 |
| 2014 | 95.8 | 90.0 | 96.2 | 93.9 |
| 2015 | 96.4 | 91.5 | 96.5 | 94.5 |
| 2016 | 96.6 | 91.6 | 96.6 | 94.6 |
| 2017 | 96.6 | 89.6 | 96.5 | 94.0 |
| 2018 | 92.5 | 89.9 | 96.6 | 93.8 |
| 2019 | 92.4 | 90.3 | 96.8 | 94.1 |
| 2020 | 94.1 | 92.7 | 97.4 | 95.5 |
| 2021 | 94.2 | 92.9 | 97.6 | 96.0 |
| 2022 | 94.7 | 93.6 | 97.9 | 96.5 |
| 2023 | 95.6 | 94.5 | 98.2 | 97.0 |

资料来源：国家卫生健康委。

## 图 2.3 2023 年监测地区孕产妇死亡主要原因构成

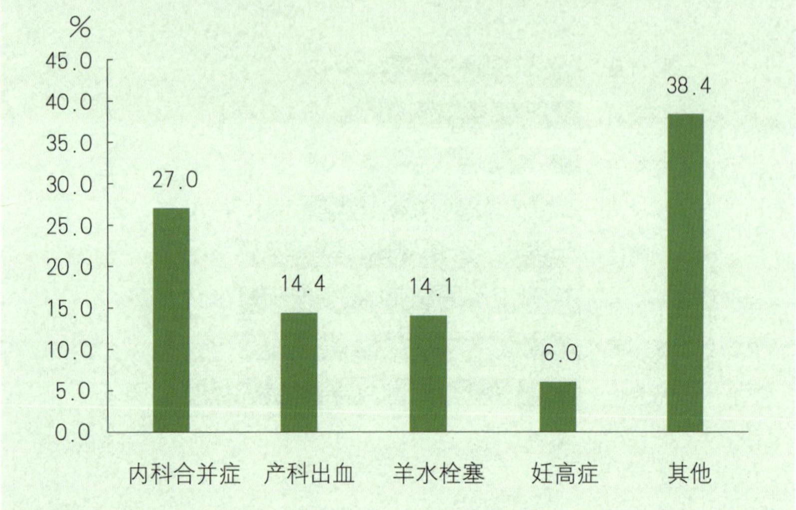


资料来源：国家卫生健康委。

## 表2.9 婚前医学检查情况

单位：%

| 年 份 | 婚前医学检查率 | | | 孕前优生健康检查目标人群覆盖率 |
|---|---|---|---|---|
| | 合计 | 男 | 女 | |
| 2010 | 31.0 | 30.9 | 31.1 | |
| 2011 | 41.0 | 40.9 | 41.0 | |
| 2012 | 48.4 | 48.5 | 48.4 | |
| 2013 | 52.9 | 52.9 | 53.0 | |
| 2014 | 55.3 | 55.0 | 57.6 | |
| 2015 | 58.7 | 58.8 | 58.7 | |
| 2016 | 59.7 | 59.7 | 59.8 | |
| 2017 | 61.4 | 61.4 | 61.4 | |
| 2018 | 61.1 | 61.1 | 61.1 | |
| 2019 | 62.4 | 62.4 | 62.4 | |
| 2020 | 68.4 | 68.3 | 68.5 | 96.4 |
| 2021 | 70.9 | 70.8 | 71.0 | 93.5 |
| 2022 | 74.8 | 74.7 | 74.9 | 91.8 |
| 2023 | 76.5 | 76.3 | 76.7 | 96.9 |

资料来源：国家卫生健康委。

# 三、教育

## 表3.1 全国各级各类学校数

单位：所

| 年 份 | 普通、职业高等学校 | 普通高中 | 中等职业教育 | 初中 | 普通小学 | 特殊教育 | 学前教育 |
|---|---|---|---|---|---|---|---|
| 2011 | 2409 | 13688 | 13083 | 54117 | 241249 | 1767 | 166750 |
| 2012 | 2442 | 13509 | 12654 | 53216 | 228585 | 1853 | 181251 |
| 2013 | 2491 | 13352 | 12262 | 52804 | 213529 | 1933 | 198553 |
| 2014 | 2529 | 13253 | 11878 | 52623 | 201377 | 2000 | 209881 |
| 2015 | 2560 | 13240 | 11202 | 52405 | 190525 | 2053 | 223683 |
| 2016 | 2596 | 13383 | 10893 | 52118 | 177633 | 2080 | 239812 |
| 2017 | 2631 | 13555 | 10671 | 51894 | 167009 | 2107 | 254950 |
| 2018 | 2663 | 13737 | 10229 | 51982 | 161811 | 2152 | 266677 |
| 2019 | 2688 | 13964 | 10078 | 52415 | 160148 | 2192 | 281174 |
| 2020 | 2738 | 14235 | 9896 | 52805 | 157979 | 2244 | 291715 |
| 2021 | 2756 | 14585 | 9786 | 52871 | 154279 | 2288 | 294832 |
| 2022 | 2760 | 15026 | 9752 | 52480 | 149117 | 2314 | 289222 |
| 2023 | 2822 | 15381 | 9553 | 52348 | 143472 | 2345 | 274414 |

资料来源：教育部、人力资源社会保障部。
注：中等职业教育包括技工学校数据。

## 表3.2 各级学校生师比（教师人数=1）

| 年 份 | 小学阶段 | 初中阶段 | 普通高中 | 中等职业教育 | 高等教育 |
|---|---|---|---|---|---|
| 2011 | 17.71 | 14.38 | 15.77 | 24.97 | 17.42 |
| 2012 | 17.36 | 13.59 | 15.47 | 24.19 | 17.52 |
| 2013 | 16.76 | 12.76 | 14.95 | 22.97 | 17.53 |
| 2014 | 16.78 | 12.57 | 14.44 | 21.34 | 17.68 |
| 2015 | 17.05 | 12.41 | 14.01 | 20.47 | 17.73 |
| 2016 | 17.12 | 12.41 | 13.65 | 19.84 | 17.07 |
| 2017 | 16.98 | 12.52 | 13.39 | 18.98 | 17.52 |
| 2018 | 16.97 | 12.79 | 13.10 | 19.10 | 17.56 |
| 2019 | 16.85 | 12.88 | 12.99 | 18.94 | 17.95 |
| 2020 | 16.67 | 12.73 | 12.90 | 19.54 | 18.37 |
| 2021 | 16.33 | 12.64 | 12.84 | 18.86 | 18.54 |
| 2022 | 16.19 | 12.72 | 12.72 | 18.65 | 18.32 |
| 2023 | 16.28 | 12.84 | 12.66 | 17.67 | 17.98 |

资料来源：教育部。
注：2021年及以后中等职业教育未含技工学校数据。

## 表3.3 全国各级教育入学率及升学率

单位：%

| 年 份 | 学前教育毛入园率 | 小学学龄儿童净入学率 | #女 | 初中阶段毛入学率 | 九年义务教育巩固率 |
|---|---|---|---|---|---|
| 2011 | 62.3 | 99.79 | 99.80 | 100.1 | 91.5 |
| 2012 | 64.5 | 99.85 | 99.86 | 102.1 | 91.8 |
| 2013 | 67.5 | 99.71 | 99.72 | 104.4 | 92.3 |
| 2014 | 70.5 | 99.81 | 99.83 | 103.5 | 92.6 |
| 2015 | 75.0 | 99.88 | 99.88 | 104.0 | 93.0 |
| 2016 | 77.4 | 99.92 | 99.93 | 104.0 | 93.4 |
| 2017 | 79.6 | 99.91 | 99.89 | 103.5 | 93.8 |
| 2018 | 81.7 | 99.95 | 99.95 | 100.9 | 94.2 |
| 2019 | 83.4 | 99.94 | 99.93 | 102.6 | 94.8 |
| 2020 | 85.2 | 99.96 | 99.96 | 102.5 | 95.2 |
| 2021 | 88.1 | 99.96 | 99.96 | 102.5 | 95.4 |
| 2022 | 89.7 | 99.89 | 99.89 | 102.5 | 95.5 |
| 2023 | 91.1 | 99.89 | 99.89 | | 95.7 |

资料来源：教育部。

## 表3.3 续表

单位：%

| 年 份 | 高中阶段毛入学率 | 高等教育毛入学率 | 小 学升学率 | 初 中升学率 |
|---|---|---|---|---|
| 2011 | 84.0 | 26.9 | 98.3 | 88.6 |
| 2012 | 85.0 | 30.0 | 98.3 | 88.4 |
| 2013 | 86.0 | 34.5 | 98.3 | 91.2 |
| 2014 | 86.5 | 37.5 | 98.0 | 95.1 |
| 2015 | 87.0 | 40.0 | 98.2 | 94.1 |
| 2016 | 87.5 | 42.7 | 98.7 | 93.7 |
| 2017 | 88.3 | 45.7 | 98.8 | 94.9 |
| 2018 | 88.8 | 48.1 | 99.1 | 95.2 |
| 2019 | 89.5 | 51.6 | 99.5 | 94.5 |
| 2020 | 91.2 | 54.4 | 99.5 | 94.6 |
| 2021 | 91.4 | 57.8 | 99.3 | 83.6 |
| 2022 | 91.6 | 59.6 | 99.5 | 84.1 |
| 2023 | 91.8 | 60.2 | | |

## 表3.4　2023年各级各类学校教职工人数及性别构成

| 类别 | 教职工数（万人） | #女 | 性别构成（%） 男 | 女 |
|---|---|---|---|---|
| **高等教育学校** | **294.6** | **155.7** | **47.2** | **52.8** |
| 普通本科院校 | 199.7 | 102.0 | 48.9 | 51.1 |
| #独立学院 | 8.3 | 4.9 | 40.6 | 59.4 |
| 本科层次职业学校 | 3.8 | 2.1 | 45.8 | 54.2 |
| 高职（专科）学校 | 88.5 | 50.1 | 43.4 | 56.6 |
| 成人高等学校 | 2.6 | 1.5 | 43.6 | 56.4 |
| **高中阶段学校** | **418.5** | **248.7** | **40.6** | **59.4** |
| 普通高中 | 332.0 | 199.8 | 39.8 | 60.2 |
| 完全中学 | 120.0 | 72.1 | 39.9 | 60.1 |
| 高级中学 | 163.4 | 94.1 | 42.4 | 57.6 |
| 十二年一贯制学校 | 48.6 | 33.6 | 30.8 | 69.2 |
| 中等职业教育 | 86.5 | 48.9 | 43.5 | 56.5 |
| 中等职业学校 | 85.4 | 48.3 | 43.5 | 56.5 |
| 其他中职机构 | 1.0 | 0.6 | 44.3 | 55.7 |
| **义务教育阶段学校** | **1107.9** | **759.0** | **31.5** | **68.5** |
| 初中学校 | 481.9 | 303.6 | 37.0 | 63.0 |
| 初级中学 | 296.8 | 176.5 | 40.5 | 59.5 |
| 九年一贯制学校 | 185.1 | 127.1 | 31.3 | 68.7 |
| 职业初中（人） | 68 | 41 | 39.7 | 60.3 |
| 普通小学 | 626.0 | 455.4 | 27.3 | 72.7 |
| 小学 | 595.8 | 438.0 | 26.5 | 73.5 |
| 小学教学点 | 30.2 | 17.4 | 42.5 | 57.5 |
| **特殊教育学校** | **9.0** | **6.6** | **26.8** | **73.2** |
| **幼儿园** | **551.4** | **510.6** | **7.4** | **92.6** |
| **专门学校（人）** | **4532** | **1841** | **59.4** | **40.6** |

资料来源：教育部。

注：1．九年一贯制学校的教职工数计入初中阶段教育，十二年一贯制学校的教职工数计入高中阶段教育。

2．中等职业教育未含技工学校数据。

## 表3.5 2023年各级各类学校专任教师人数及性别构成

| 类 别 | 专任教师(万人) | # 女 | 性别构成(%) | |
|---|---|---|---|---|
| | | | 男 | 女 |
| **高等教育学校** | **207.5** | **111.3** | **46.3** | **53.7** |
| 普通本科学校 | 134.5 | 68.5 | 49.1 | 50.9 |
| #独立学院 | 6.1 | 3.7 | 39.1 | 60.9 |
| 本科层次职业学校 | 3.1 | 1.7 | 44.0 | 56.0 |
| 高职(专科)学校 | 68.5 | 40.3 | 41.2 | 58.8 |
| 成人高等学校 | 1.4 | 0.9 | 38.7 | 61.3 |
| **高中阶段教育** | **295.0** | **173.7** | **41.1** | **58.9** |
| 普通高中 | 221.5 | 130.1 | 41.3 | 58.7 |
| 完全中学 | 63.0 | 36.7 | 41.8 | 58.2 |
| 高级中学 | 144.2 | 84.8 | 41.2 | 58.8 |
| 十二年一贯制学校 | 13.6 | 8.2 | 39.5 | 60.5 |
| 附设普通高中班 | 0.6 | 0.4 | 35.6 | 64.4 |
| 中等职业教育 | 73.5 | 43.5 | 40.7 | 59.3 |
| 中等职业学校 | 70.5 | 41.7 | 40.8 | 59.2 |
| 附设中职班 | 3.0 | 1.8 | 38.6 | 61.4 |
| **义务教育阶段教育** | **1073.9** | **748.7** | **30.3** | **69.7** |
| 初中阶段 | 408.3 | 253.0 | 38.0 | 62.0 |
| 初级中学 | 272.2 | 165.3 | 39.3 | 60.7 |
| 九年一贯制学校 | 78.5 | 49.7 | 36.6 | 63.4 |
| 十二年一贯制学校 | 12.2 | 8.5 | 30.5 | 69.5 |
| 完全中学 | 44.7 | 29.0 | 35.2 | 64.8 |
| 职业初中（人） | 52 | 37 | 28.8 | 71.2 |
| 附设初中班 | 0.7 | 0.5 | 36.7 | 63.3 |
| 小学阶段 | 665.6 | 495.8 | 25.5 | 74.5 |
| 小学 | 545.9 | 408.4 | 25.2 | 74.8 |
| 九年一贯制学校 | 82.1 | 63.0 | 23.3 | 76.7 |
| 十二年一贯制学校 | 10.7 | 8.9 | 17.1 | 82.9 |
| 小学教学点 | 25.9 | 14.7 | 43.2 | 56.8 |
| 附设小学班 | 1.0 | 0.8 | 25.4 | 74.6 |
| **特殊教育** | **7.7** | **5.8** | **24.3** | **75.7** |
| **学前教育** | **307.4** | **300.0** | **2.4** | **97.6** |
| 幼儿园 | 296.3 | 289.7 | 2.2 | 97.8 |
| 附设幼儿班 | 11.1 | 10.3 | 7.4 | 92.6 |
| **专门学校（人）** | **2790** | **1312** | **53.0** | **47.0** |

资料来源：教育部。

注：中等职业教育未含技工学校数据。

## 表3.6 2023年高等教育专任教师按学历、年龄分人数及性别构成

| 类别 | 人数（人） | #女 | 性别构成(%) 男 | 性别构成(%) 女 |
| --- | --- | --- | --- | --- |
| **合计** | **2074943** | **1113453** | **46.3** | **53.7** |
| **按学历分:** | | | | |
| 博士 | 621699 | 247365 | 60.2 | 39.8 |
| 硕士 | 827788 | 534224 | 35.5 | 64.5 |
| 本科 | 617426 | 329336 | 46.7 | 53.3 |
| 专科及以下 | 8030 | 2528 | 68.5 | 31.5 |
| **按年龄分:** | | | | |
| 29岁及以下 | 262870 | 177271 | 32.6 | 67.4 |
| 30–34岁 | 369028 | 218043 | 40.9 | 59.1 |
| 35–39岁 | 374739 | 207664 | 44.6 | 55.4 |
| 40–44岁 | 420276 | 231416 | 44.9 | 55.1 |
| 45–49岁 | 258432 | 127958 | 50.5 | 49.5 |
| 50–54岁 | 200879 | 91412 | 54.5 | 45.5 |
| 55–59岁 | 165784 | 55010 | 66.8 | 33.2 |
| 60–64岁 | 18341 | 3841 | 79.1 | 20.9 |
| 65岁及以上 | 4594 | 838 | 81.8 | 18.2 |

资料来源：教育部。

## 表3.7 2023年普通、职业高等学校专任教师按授课内容分人数及性别构成

| 授课内容 | 人 数（人） | #女 | 性别构成(%) | |
|---|---|---|---|---|
| | | | 男 | 女 |
| **合 计** | **1946023** | **1049903** | **46.0** | **54.0** |
| 公共课基础课 | 456069 | 268696 | 41.1 | 58.9 |
| 专业课 | 1489954 | 781207 | 47.6 | 52.4 |
| #双师型 | 312100 | 179281 | 42.6 | 57.4 |

资料来源：教育部。

## 表3.8 2023年普通、职业高等学校专任教师按未任课原因分人数及性别构成

| 未任课原因 | 人 数（人） | #女 | 性别构成(%) | |
|---|---|---|---|---|
| | | | 男 | 女 |
| **合 计** | **114870** | **54935** | **52.2** | **47.8** |
| 进修 | 15456 | 8612 | 44.3 | 55.7 |
| 科研 | 27665 | 10225 | 63.0 | 37.0 |
| 病休 | 2802 | 1777 | 36.6 | 63.4 |
| 其他 | 68947 | 34321 | 50.2 | 49.8 |

资料来源：教育部。

## 表3.9 2023年普通高中专任教师按学历、专业技术职务分人数及性别构成

| 类别 | 人数（人） | | 性别构成(%) | |
|---|---|---|---|---|
| | | #女 | 男 | 女 |
| **合 计** | **2214804** | **1301163** | **41.3** | **58.7** |
| **按学历分：** | | | | |
| 研究生毕业 | 310250 | 226781 | 26.9 | 73.1 |
| 本科毕业 | 1886881 | 1068165 | 43.4 | 56.6 |
| 专科毕业 | 17451 | 6145 | 64.8 | 35.2 |
| 高中阶段毕业 | 192 | 56 | 70.8 | 29.2 |
| 高中阶段以下毕业 | 30 | 16 | 46.7 | 53.3 |
| **按专业技术职务分：** | | | | |
| 正高级 | 10623 | 3312 | 68.8 | 31.2 |
| 副高级 | 555023 | 226389 | 59.2 | 40.8 |
| 中 级 | 743136 | 441743 | 40.6 | 59.4 |
| 助理级 | 503155 | 357555 | 28.9 | 71.1 |
| 员 级 | 35020 | 23795 | 32.1 | 67.9 |
| 未定职级 | 367847 | 248369 | 32.5 | 67.5 |

资料来源：教育部。

## 表3.10　2023年初中阶段教育专任教师按学历、专业技术职务分人数及性别构成

| 类 别 | 人 数（人） | | 性别构成(%) | |
|---|---|---|---|---|
| | | #女 | 男 | 女 |
| **合 计** | **4083058** | **2529569** | **38.0** | **62.0** |
| **按学历分：** | | | | |
| 研究生毕业 | 231364 | 189102 | 18.3 | 81.7 |
| 本科毕业 | 3569375 | 2234995 | 37.4 | 62.6 |
| 专科毕业 | 280665 | 105100 | 62.6 | 37.4 |
| 高中阶段毕业 | 1628 | 370 | 77.3 | 22.7 |
| 高中阶段以下毕业 | 26 | 2 | 92.3 | 7.7 |
| **按专业技术职务分：** | | | | |
| 正高级 | 6600 | 2862 | 56.6 | 43.4 |
| 副高级 | 880204 | 412230 | 53.2 | 46.8 |
| 中 级 | 1493728 | 876190 | 41.3 | 58.7 |
| 助理级 | 1061342 | 769966 | 27.5 | 72.5 |
| 员 级 | 67589 | 48566 | 28.1 | 71.9 |
| 未定职级 | 573595 | 419755 | 26.8 | 73.2 |

资料来源：教育部。

## 表3.11　2023年小学阶段专任教师按学历、专业技术职务分人数及性别构成

| 类别 | 人数（人） | #女 | 性别构成（%） | |
|---|---|---|---|---|
| | | | 男 | 女 |
| **合　计** | **6656261** | **4957625** | **25.5** | **74.5** |
| **按学历分：** | | | | |
| 研究生毕业 | 163566 | 143799 | 12.1 | 87.9 |
| 本科毕业 | 5030437 | 3934068 | 21.8 | 78.2 |
| 专科毕业 | 1412665 | 863409 | 38.9 | 61.1 |
| 高中阶段毕业 | 48902 | 16106 | 67.1 | 32.9 |
| 高中阶段以下毕业 | 691 | 243 | 64.8 | 35.2 |
| **按专业技术职务分：** | | | | |
| 正高级 | 4847 | 2720 | 43.9 | 56.1 |
| 副高级 | 798115 | 455188 | 43.0 | 57.0 |
| 中　级 | 2634945 | 1850626 | 29.8 | 70.2 |
| 助理级 | 2033810 | 1662641 | 18.2 | 81.8 |
| 员　级 | 170388 | 136621 | 19.8 | 80.2 |
| 未定职级 | 1014156 | 849829 | 16.2 | 83.8 |

资料来源：教育部。

## 表3.12 2023年特殊教育专任教师按学历、专业技术职务分人数及性别构成

| 类 别 | 人 数（人） | | 性别构成（%） | |
|---|---|---|---|---|
| | | #女 | 男 | 女 |
| **合 计** | **77047** | **58354** | **24.3** | **75.7** |
| **按学历分：** | | | | |
| 研究生毕业 | 3171 | 2619 | 17.4 | 82.6 |
| 本科毕业 | 60444 | 46324 | 23.4 | 76.6 |
| 专科毕业 | 12869 | 9024 | 29.9 | 70.1 |
| 高中阶段毕业 | 534 | 366 | 31.5 | 68.5 |
| 高中阶段以下毕业 | 29 | 21 | 27.6 | 72.4 |
| **按专业技术职务分：** | | | | |
| 正高级 | 159 | 110 | 30.8 | 69.2 |
| 副高级 | 14652 | 9748 | 33.5 | 66.5 |
| 中 级 | 29577 | 21840 | 26.2 | 73.8 |
| 助理级 | 20643 | 16660 | 19.3 | 80.7 |
| 员 级 | 2709 | 2181 | 19.5 | 80.5 |
| 未定职级 | 9307 | 7815 | 16.0 | 84.0 |

资料来源：教育部。

## 表3.13 2023年各级各类学校在校学生数及性别构成

| 类 别 | 人 数（万人） | #女 | 性别构成（%） | |
|---|---|---|---|---|
| | | | 男 | 女 |
| **高等教育** | **5911.5** | **2948.9** | **50.1** | **49.9** |
| 研究生 | 388.3 | 196.3 | 49.4 | 50.6 |
| 普通本科 | 2034.7 | 1062.5 | 47.8 | 52.2 |
| 职业本专科 | 1740.3 | 824.7 | 52.6 | 47.4 |
| 成人本专科 | 1008.2 | 564.3 | 44.0 | 56.0 |
| 网络本专科 | 740.0 | 301.1 | 59.3 | 40.7 |
| **高中阶段教育** | **4592.2** | **2141.4** | **53.4** | **46.6** |
| 普通高中 | 2803.6 | 1388.2 | 50.5 | 49.5 |
| 中等职业教育 | 1737.9 | 733.1 | 57.8 | 42.2 |
| 其他 | 50.6 | 20.2 | 60.1 | 39.9 |
| **义务教育阶段教育** | **16079.7** | **7537.7** | **53.1** | **46.9** |
| 初中阶段 | 5243.7 | 2442.5 | 53.4 | 46.6 |
| #初级中学 | 3510.9 | 1650.5 | 53.0 | 47.0 |
| 小学阶段 | 10836.0 | 5095.2 | 53.0 | 47.0 |
| #小学 | 9104.5 | 4296.8 | 52.8 | 47.2 |
| **特殊教育** | **91.2** | **33.2** | **63.6** | **36.4** |
| **学前教育** | **4093.0** | **1935.7** | **52.7** | **47.3** |
| **专门学校（人）** | **9891** | **1640** | **83.4** | **16.6** |

资料来源：教育部、人力资源社会保障部。

注：1.中等职业教育包括技工学校数据。

2.高中阶段教育学生数含国家开放大学中职部。

## 表3.14　2023年高等教育研究生在校生人数及性别构成

| 类 别 | 人 数（人） | #女 | 性别构成（%） | |
|---|---|---|---|---|
| | | | 男 | 女 |
| **合 计** | **3882940** | **1963385** | **49.4** | **50.6** |
| 博士 | 612489 | 254041 | 58.5 | 41.5 |
| 硕士 | 3270451 | 1709344 | 47.7 | 52.3 |
| **普通本科学校** | **3845027** | **1945782** | **49.4** | **50.6** |
| 博士 | 603000 | 250107 | 58.5 | 41.5 |
| 硕士 | 3242027 | 1695675 | 47.7 | 52.3 |
| **科研机构** | **37913** | **17603** | **53.6** | **46.4** |
| 博士 | 9489 | 3934 | 58.5 | 41.5 |
| 硕士 | 28424 | 13669 | 51.9 | 48.1 |

资料来源：教育部。

## 表3.15　2023年普通、职业本专科学生人数及性别构成

| 类 别 | 人 数（人） | #女 | 性别构成（%） | |
|---|---|---|---|---|
| | | | 男 | 女 |
| **毕业生数** | **10470258** | **5326049** | **49.1** | **50.9** |
| 普通本科 | 4897422 | 2683330 | 45.2 | 54.8 |
| 职业专科 | 5572836 | 2642719 | 52.6 | 47.4 |
| 本科 | 39924 | 18926 | 52.6 | 47.4 |
| 专科 | 5532912 | 2623793 | 52.6 | 47.4 |
| **招生数** | **10422206** | **6010958** | **45.8** | **54.2** |
| 普通本科 | 4781609 | 2950708 | 37.0 | 63.0 |
| 职业本专科 | 5640597 | 3060250 | 52.6 | 47.4 |
| 本科 | 89899 | 65747 | 53.1 | 46.9 |
| 专科 | 5550698 | 2994503 | 52.6 | 47.4 |
| **在校生数** | **37750146** | **18871919** | **50.0** | **50.0** |
| 普通本科 | 20346933 | 10625155 | 47.8 | 52.2 |
| 职业本专科 | 17403213 | 8246764 | 52.6 | 47.4 |
| 本科 | 324692 | 156531 | 51.8 | 48.2 |
| 专科 | 17078521 | 8090233 | 52.6 | 47.4 |

资料来源：教育部。

注：职业本科招生数使用不包含专科起点本科招生数口径，其中女性包含该部分数据；职业专科招生数使用不包含五年制高职转入专科招生口径，其中女性包含该部分数据。以上两个教育阶段性别构成均按可比口径计算。

## 表3.16 2023年成人本专科学生人数及性别构成

| 类别 | 人数（人） | | 性别构成（%） | |
|---|---|---|---|---|
| | | #女 | 男 | 女 |
| **毕业生数** | **3631278** | **2103086** | **42.1** | **57.9** |
| 本科 | 1947475 | 1149131 | 41.0 | 59.0 |
| 专科 | 1683803 | 953955 | 43.3 | 56.7 |
| **招生数** | **4454878** | **2459158** | **44.8** | **55.2** |
| 本科 | 2702145 | 1530517 | 43.4 | 56.6 |
| 专科 | 1752733 | 928641 | 47.0 | 53.0 |
| **在校生数** | **10082275** | **5643045** | **44.0** | **56.0** |
| 本科 | 6000262 | 3431046 | 42.8 | 57.2 |
| 专科 | 4082013 | 2211999 | 45.8 | 54.2 |

资料来源：教育部。

## 表3.17 2023年网络本专科学生人数及性别构成

| 类别 | 人数（人） | | 性别构成（%） | |
|---|---|---|---|---|
| | | #女 | 男 | 女 |
| **毕业生数** | **2633542** | **1154532** | **56.2** | **43.8** |
| 本科 | 1100611 | 502391 | 54.4 | 45.6 |
| 专科 | 1532931 | 652141 | 57.5 | 42.5 |
| **招生数** | **1634220** | **650220** | **60.2** | **39.8** |
| 本科 | 607030 | 253465 | 58.2 | 41.8 |
| 专科 | 1027190 | 396755 | 61.4 | 38.6 |
| **在校生数** | **7399703** | **3011013** | **59.3** | **40.7** |
| 本科 | 2890562 | 1255659 | 56.6 | 43.4 |
| 专科 | 4509141 | 1755354 | 61.1 | 38.9 |

资料来源：教育部。

## 表3.18 2023年高中阶段教育在校生人数及性别构成

| 类 别 | 人 数（万人） | #女 | 性别构成(%) 男 | 女 |
|---|---|---|---|---|
| **合 计** | **4592.1** | **2141.5** | **53.4** | **46.6** |
| **普通高中** | **2803.6** | **1388.2** | **50.5** | **49.5** |
| 完全中学 | 829.7 | 416.1 | 49.8 | 50.2 |
| 高级中学 | 1794.3 | 891.7 | 50.3 | 49.7 |
| 十二年一贯制学校 | 171.1 | 76.3 | 55.4 | 44.6 |
| 附设普通高中班 | 8.4 | 4.1 | 51.2 | 48.8 |
| **中等职业教育** | **1737.9** | **733.1** | **57.8** | **42.2** |
| 中等职业学校 | 1216.1 | 546.5 | 55.1 | 44.9 |
| 附设中职班 | 82.3 | 39.6 | 51.9 | 48.1 |
| 技工学校 | 439.5 | 147.0 | 66.6 | 33.4 |
| **其他** | **50.6** | **20.2** | **60.1** | **39.9** |

资料来源：教育部，人力资源社会保障部。
注：中等职业教育包括技工学校数据。

## 表3.19 2023年义务教育阶段学生人数及性别构成

| 类 别 | 人 数（万人） | #女 | 性别构成(%) 男 | 女 |
|---|---|---|---|---|
| **毕业生数** | **3387.1** | **1575.3** | **53.5** | **46.5** |
| 初中阶段 | 1623.6 | 752.7 | 53.6 | 46.4 |
| 小学阶段 | 1763.5 | 822.6 | 53.4 | 46.6 |
| **招生数** | **3632.5** | **1712.0** | **52.9** | **47.1** |
| 初中阶段 | 1754.6 | 818.8 | 53.3 | 46.7 |
| 小学阶段 | 1877.9 | 893.3 | 52.4 | 47.6 |
| **在校生数** | **16079.7** | **7537.7** | **53.1** | **46.9** |
| 初中阶段 | 5243.7 | 2442.5 | 53.4 | 46.6 |
| 小学阶段 | 10836.0 | 5095.2 | 53.0 | 47.0 |

资料来源：教育部。

## 表3.20 2023年学前教育、特殊教育及专门学校学生人数及性别构成

| 类别 | 人数(万人) | #女 | 性别构成(%) | |
|---|---|---|---|---|
| | | | 男 | 女 |
| **毕业生数** | | | | |
| 学前教育 | 1804.4 | 856.6 | 52.5 | 47.5 |
| 特殊教育 | 17.3 | 6.5 | 62.4 | 37.6 |
| 专门学校(人) | 5753 | 792 | 86.2 | 13.8 |
| **招生数** | | | | |
| 学前教育 | 1181.2 | 559.8 | 52.6 | 47.4 |
| 特殊教育 | 15.5 | 5.7 | 63.2 | 36.8 |
| 专门学校(人) | 8420 | 1104 | 86.9 | 13.1 |
| **在校生数** | | | | |
| 学前教育 | 4093 | 1935.7 | 52.7 | 47.3 |
| 特殊教育 | 91.2 | 33.2 | 63.6 | 36.4 |
| 专门学校(人) | 9891 | 1640 | 83.4 | 16.6 |

资料来源：教育部。

## 表3.21 2023年进城务工人员子女义务教育阶段在校生人数及性别构成

| 类别 | 人数(万人) | #女 | 性别构成(%) | |
|---|---|---|---|---|
| | | | 男 | 女 |
| **普通小学** | | | | |
| 进城务工人员随迁子女 | 952.6 | 436.4 | 54.2 | 45.8 |
| 外省迁入 | 401.0 | 182.1 | 54.6 | 45.4 |
| 本省外县迁入 | 551.6 | 254.3 | 53.9 | 46.1 |
| 农村留守儿童 | 607.9 | 280.8 | 53.8 | 46.2 |
| **初中** | | | | |
| 进城务工人员随迁子女 | 401.3 | 180.8 | 54.9 | 45.1 |
| 外省迁入 | 161.3 | 71.6 | 55.6 | 44.4 |
| 本省外县迁入 | 240.0 | 109.1 | 54.5 | 45.5 |
| 农村留守儿童 | 374.3 | 173.1 | 53.8 | 46.2 |

资料来源：教育部。

## 表3.22 2023年6岁及以上人口受教育程度及性别构成

| 受教育程度 | 样本人口数（人） | #女 | 性别构成(%) 男 | 性别构成(%) 女 |
|---|---|---|---|---|
| **6岁及以上人口** | **1409041** | **690906** | **51.0** | **49.0** |
| 未上过学 | 55292 | 39338 | 28.9 | 71.1 |
| 小学 | 350424 | 186168 | 46.9 | 53.1 |
| 初中 | 511117 | 235269 | 54.0 | 46.0 |
| 高中 | 221678 | 97067 | 56.2 | 43.8 |
| 大学专科 | 136312 | 65869 | 51.7 | 48.3 |
| 大学本科 | 120776 | 60493 | 49.9 | 50.1 |
| 研究生 | 13441 | 6702 | 50.1 | 49.9 |

资料来源：国家统计局，《中国统计年鉴2024》。
注：本表是2023年全国人口变动情况抽样调查样本数据，抽样比为1.051‰。

## 表3.23 分性别文盲人口占15岁及以上人口的比重

单位：%

| 年 份 | 文盲人口占15岁及以上人口的比重 | 男 | 女 |
|---|---|---|---|
| 2012 | 4.96 | 2.67 | 7.32 |
| 2013 | 4.60 | 2.53 | 6.73 |
| 2014 | 4.92 | 2.51 | 7.40 |
| 2015 | 5.42 | 2.89 | 8.01 |
| 2016 | 5.28 | 2.74 | 7.89 |
| 2017 | 4.85 | 2.42 | 7.34 |
| 2018 | 4.94 | 2.42 | 7.52 |
| 2019 | 4.59 | 2.22 | 7.01 |
| 2020 | 3.26 | 1.62 | 4.96 |
| 2021 | 3.21 | 1.50 | 4.96 |
| 2022 | 3.39 | 1.58 | 5.26 |
| 2023 | 3.43 | 1.66 | 5.24 |

资料来源：国家统计局，历年中国统计年鉴。
注：本表文盲人口指15岁及以上不识字及识字很少的人口。

## 图 3.1 义务教育阶段在校残疾学生数

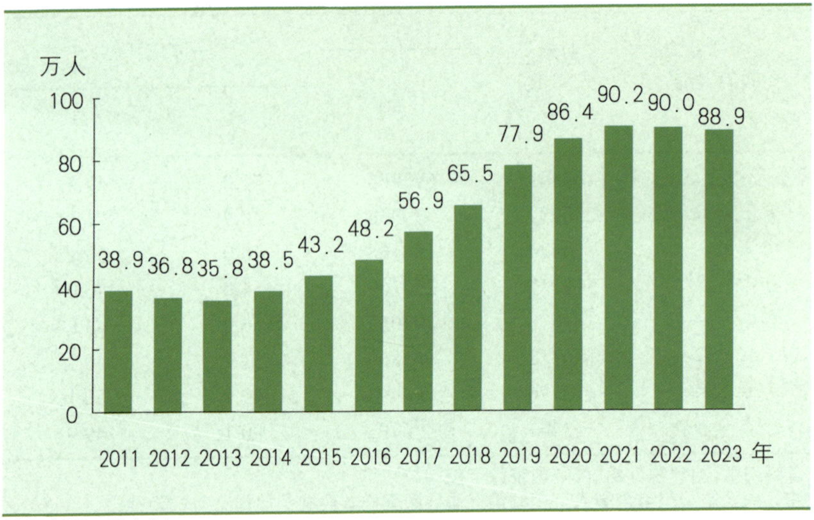


数据来源：教育部。

# 四、就业与社会保障

## 表4.1 就业人员及性别构成

| 年 份 | 就业人员（万人） | 性别构成(%) | |
|---|---|---|---|
| | | 男 | 女 |
| 2010 | 76105 | 55.3 | 44.7 |
| 2011 | 76196 | 55.3 | 44.7 |
| 2012 | 76254 | 55.2 | 44.8 |
| 2013 | 76301 | 55.0 | 45.0 |
| 2014 | 76349 | 55.2 | 44.8 |
| 2015 | 76320 | 57.1 | 42.9 |
| 2016 | 76245 | 56.9 | 43.1 |
| 2017 | 76058 | 56.5 | 43.5 |
| 2018 | 75782 | 56.3 | 43.7 |
| 2019 | 75447 | 56.8 | 43.2 |
| 2020 | 75064 | 56.5 | 43.5 |
| 2021 | 74652 | 56.9 | 43.1 |
| 2022 | 73351 | 56.8 | 43.2 |
| 2023 | 74041 | 56.7 | 43.3 |

资料来源：国家统计局，《中国人口和就业统计年鉴2024》。

## 表4.2 城镇非私营单位就业人员及性别构成

| 年 份 | 就业人员（万人） | | 性别构成(%) | |
|---|---|---|---|---|
| | | #女 | 男 | 女 |
| 2010 | 13052 | 4862 | 62.8 | 37.2 |
| 2011 | 14413 | 5228 | 63.7 | 36.3 |
| 2012 | 15236 | 5459 | 64.2 | 35.8 |
| 2013 | 18108 | 6338 | 65.0 | 35.0 |
| 2014 | 18278 | 6546 | 64.2 | 35.8 |
| 2015 | 18062 | 6527 | 63.9 | 36.1 |
| 2016 | 17888 | 6518 | 63.6 | 36.4 |
| 2017 | 17644 | 6545 | 62.9 | 37.1 |
| 2018 | 17258 | 6428 | 62.8 | 37.2 |
| 2019 | 17162 | 6684 | 61.1 | 38.9 |
| 2020 | 17039 | 6779 | 60.2 | 39.8 |
| 2021 | 17015 | 6852 | 59.7 | 40.3 |
| 2022 | 16701 | 6766 | 59.5 | 40.5 |
| 2023 | 16368 | 6704 | 59.0 | 41.0 |

资料来源：国家统计局，《中国人口和就业统计年鉴2024》。

## 表4.3 城镇登记失业人员及性别构成

| 年 份 | 城镇登记失业人员（万人） | 性别构成(%) | |
|---|---|---|---|
| | | 男 | 女 |
| 2010 | 908 | 58.7 | 41.3 |
| 2011 | 922 | 58.9 | 41.1 |
| 2012 | 917 | 57.4 | 42.6 |
| 2013 | 926 | 58.7 | 41.3 |
| 2014 | 952 | 57.5 | 42.5 |
| 2015 | 966 | 58.3 | 41.7 |
| 2016 | 982 | 55.7 | 44.3 |
| 2017 | 972 | 56.9 | 43.1 |
| 2018 | 974 | 55.9 | 44.1 |
| 2019 | 945 | 52.0 | 48.0 |
| 2020 | 1160 | 55.2 | 44.8 |
| 2021 | 1040 | 58.1 | 41.9 |

资料来源：人力资源社会保障部。

## 图 4.1 城镇调查失业率

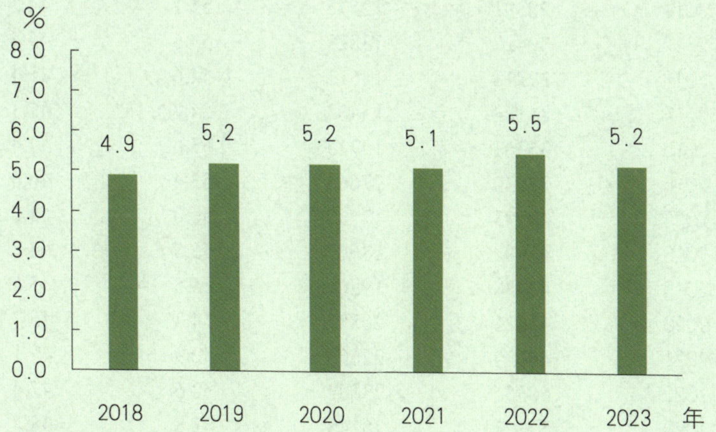


资料来源：国家统计局，《中国人口和就业统计年鉴 2024》。

## 表4.4　基本养老保险参保人数及性别构成

| 年份 | 参保人数（万人） | #女 | 性别构成（%） | |
|---|---|---|---|---|
| | | | 男 | 女 |
| 2019 | 96754 | 45250 | 53.2 | 46.8 |
| 2020 | 99865 | 47062 | 52.9 | 47.1 |
| 2021 | 102871 | 48959 | 52.4 | 47.6 |
| 2022 | 105307 | 51336 | 51.3 | 48.7 |
| 2023 | 106643 | 52396 | 50.9 | 49.1 |

资料来源：人力资源社会保障部。

## 表4.5　城镇职工基本养老保险参保人数及性别构成

| 年份 | 参保人数（万人） | #女 | 性别构成（%） | |
|---|---|---|---|---|
| | | | 男 | 女 |
| 2010 | 25707 | 11202 | 56.4 | 43.6 |
| 2011 | 28391 | 12575 | 55.7 | 44.3 |
| 2012 | 30427 | 13829 | 54.6 | 45.4 |
| 2013 | 32218 | 14612 | 54.6 | 45.4 |
| 2014 | 34124 | 15463 | 54.7 | 45.3 |
| 2015 | 35361 | 15715 | 55.6 | 44.4 |
| 2016 | 37930 | 17663 | 53.4 | 46.6 |
| 2017 | 40293 | 17709 | 56.0 | 44.0 |
| 2018 | 41902 | 18667 | 55.5 | 44.5 |
| 2019 | 43488 | 19801 | 54.5 | 45.5 |
| 2020 | 45621 | 20857 | 54.3 | 45.7 |
| 2021 | 48074 | 22656 | 52.9 | 47.1 |
| 2022 | 50355 | 23883 | 52.6 | 47.4 |
| 2023 | 52121 | 25145 | 51.8 | 48.2 |

资料来源：人力资源社会保障部。
注：女性数据为不完全统计数。

## 表4.6 城乡居民基本养老保险参保人数及性别构成

| 年 份 | 参保人数（万人） | #女 | 性别构成(%) | |
|---|---|---|---|---|
| | | | 男 | 女 |
| 2019 | 53266 | 25449 | 52.2 | 47.8 |
| 2020 | 54244 | 26205 | 51.7 | 48.3 |
| 2021 | 54797 | 26304 | 52.0 | 48.0 |
| 2022 | 54952 | 27173 | 50.6 | 49.4 |
| 2023 | 54522 | 27252 | 50.0 | 50.0 |

资料来源：人力资源社会保障部。

## 表4.7 基本医疗保险参保人数及性别构成

| 年 份 | 参保人数（万人） | #女 | 性别构成(%) | |
|---|---|---|---|---|
| | | | 男 | 女 |
| 2013 | 57073 | 24831 | 56.5 | 43.5 |
| 2014 | 59747 | 26913 | 55.0 | 45.0 |
| 2015 | 66582 | 30688 | 53.9 | 46.1 |
| 2016 | 74392 | 32797 | 55.9 | 44.1 |
| 2017 | 117681 | 52364 | 55.5 | 44.5 |
| 2018 | 134459 | 54290 | 59.6 | 40.4 |
| 2019 | 135407 | 62910 | 53.5 | 46.5 |
| 2020 | 136131 | 64936 | 52.3 | 47.7 |
| 2021 | 136297 | 65756 | 51.8 | 48.2 |
| 2022 | 134592 | 65296 | 51.5 | 48.5 |
| 2023 | 133389 | 65447 | 50.9 | 49.1 |

资料来源：2017年及之前为人力资源社会保障部，2018年及之后为国家医疗保障局。

## 表4.8 职工基本医疗保险参保人数及性别构成

| 年份 | 参保人数(万人) | #女 | 性别构成(%) | |
|---|---|---|---|---|
| | | | 男 | 女 |
| 2010 | 23735 | 10537 | 55.6 | 44.4 |
| 2011 | 25227 | 11398 | 54.8 | 45.2 |
| 2012 | 26486 | 12207 | 53.9 | 46.1 |
| 2013 | 27443 | 12657 | 53.9 | 46.1 |
| 2014 | 28296 | 13013 | 54.0 | 46.0 |
| 2015 | 28893 | 13512 | 53.2 | 46.8 |
| 2016 | 29532 | 13852 | 53.1 | 46.9 |
| 2017 | 30323 | 14302 | 52.8 | 47.2 |
| 2018 | 31681 | 14945 | 52.8 | 47.2 |
| 2019 | 32925 | 15790 | 52.0 | 48.0 |
| 2020 | 34455 | 16339 | 52.6 | 47.4 |
| 2021 | 35431 | 17128 | 51.7 | 48.3 |
| 2022 | 36243 | 17315 | 52.2 | 47.8 |
| 2023 | 37095 | 17710 | 52.3 | 47.7 |

资料来源:2017年及之前为人力资源社会保障部，2018年及之后为国家医疗保障局。

## 表4.9 城乡居民基本医疗保险参保人数及性别构成

| 年份 | 参保人数(万人) | #女 | 性别构成(%) | |
|---|---|---|---|---|
| | | | 男 | 女 |
| 2011 | 22116 | 7531 | 65.9 | 34.1 |
| 2012 | 27156 | 10996 | 59.5 | 40.5 |
| 2013 | 29629 | 12174 | 58.9 | 41.1 |
| 2014 | 31451 | 13900 | 55.8 | 44.2 |
| 2015 | 37689 | 17177 | 54.4 | 45.6 |
| 2016 | 44860 | 18946 | 57.8 | 42.2 |
| 2017 | 87359 | 38062 | 56.4 | 43.6 |
| 2018 | 102778 | 39345 | 61.7 | 38.3 |
| 2019 | 102483 | 47120 | 54.0 | 46.0 |
| 2020 | 101676 | 48597 | 52.2 | 47.8 |
| 2021 | 100866 | 48629 | 51.8 | 48.2 |
| 2022 | 98349 | 47981 | 51.2 | 48.8 |
| 2023 | 96294 | 47736 | 50.4 | 49.6 |

资料来源:2017年及之前为人力资源社会保障部，2018年及之后为国家医疗保障局。
注:2016年及以前年份为城镇居民。

## 表4.10 失业保险参保人数及性别构成

| 年 份 | 参保人数（万人） | #女 | 性别构成(%) 男 | 性别构成(%) 女 |
| --- | --- | --- | --- | --- |
| 2010 | 13376 | 5149 | 61.5 | 38.5 |
| 2011 | 14317 | 5815 | 59.4 | 40.6 |
| 2012 | 15225 | 6304 | 58.6 | 41.4 |
| 2013 | 16417 | 6862 | 58.2 | 41.8 |
| 2014 | 17043 | 7145 | 58.1 | 41.9 |
| 2015 | 17326 | 7294 | 57.9 | 42.1 |
| 2016 | 18089 | 7551 | 58.3 | 41.7 |
| 2017 | 18784 | 7950 | 57.7 | 42.3 |
| 2018 | 19643 | 8341 | 57.5 | 42.5 |
| 2019 | 20543 | 8677 | 57.8 | 42.2 |
| 2020 | 21689 | 9207 | 57.5 | 42.5 |
| 2021 | 22958 | 9817 | 57.2 | 42.8 |
| 2022 | 23807 | 9949 | 58.2 | 41.8 |
| 2023 | 24373 | 10354 | 57.5 | 42.5 |

资料来源：人力资源社会保障部。

## 表4.11 工伤保险参保人数及性别构成

| 年 份 | 参保人数（万人） | #女 | 性别构成(%) 男 | 性别构成(%) 女 |
| --- | --- | --- | --- | --- |
| 2010 | 16161 | 5699 | 64.7 | 35.3 |
| 2011 | 17696 | 6202 | 65.0 | 35.0 |
| 2012 | 19010 | 7145 | 62.4 | 37.6 |
| 2013 | 19917 | 7537 | 62.2 | 37.8 |
| 2014 | 20639 | 8070 | 60.9 | 39.1 |
| 2015 | 21432 | 8074 | 62.3 | 37.7 |
| 2016 | 21889 | 8128 | 62.9 | 37.1 |
| 2017 | 22724 | 8594 | 62.2 | 37.8 |
| 2018 | 23874 | 9313 | 61.0 | 39.0 |
| 2019 | 25478 | 9684 | 62.0 | 38.0 |
| 2020 | 26763 | 10269 | 61.6 | 38.4 |
| 2021 | 28287 | 10631 | 62.4 | 37.6 |
| 2022 | 29117 | 11214 | 61.5 | 38.5 |
| 2023 | 30174 | 11598 | 61.6 | 38.4 |

资料来源：人力资源社会保障部。

## 表4.12　生育保险参保人数及性别构成

| 年 份 | 参保人数（万人） | #女 | 性别构成(%) 男 | 性别构成(%) 女 |
|---|---|---|---|---|
| 2010 | 12336 | 5367 | 56.5 | 43.5 |
| 2011 | 13892 | 6033 | 56.6 | 43.4 |
| 2012 | 15429 | 6700 | 56.6 | 43.4 |
| 2013 | 16392 | 7117 | 56.6 | 43.4 |
| 2014 | 17039 | 7407 | 56.5 | 43.5 |
| 2015 | 17771 | 7712 | 56.6 | 43.4 |
| 2016 | 18451 | 8020 | 56.5 | 43.5 |
| 2017 | 19300 | 8428 | 56.3 | 43.7 |
| 2018 | 20434 | 8927 | 56.3 | 43.7 |
| 2019 | 21417 | 9343 | 56.4 | 43.6 |
| 2020 | 23567 | 10298 | 56.3 | 43.7 |
| 2021 | 23752 | 10457 | 56.0 | 44.0 |
| 2022 | 24621 | 10782 | 56.2 | 43.8 |
| 2023 | 24903 | 10912 | 56.2 | 43.8 |

资料来源：2017年及之前为人力资源社会保障部，2018年及之后为国家医疗保障局。

## 表4.13　补贴性职业技能培训人数及性别构成

| 年 份 | 培训人次数（万人次） | #女 | 性别构成(%) 男 | 性别构成(%) 女 |
|---|---|---|---|---|
| 2012 | 2049 | 853 | 58.4 | 41.6 |
| 2013 | 2049 | 882 | 57.0 | 43.0 |
| 2014 | 1935 | 824 | 57.4 | 42.6 |
| 2015 | 1908 | 762 | 60.1 | 39.9 |
| 2016 | 1775 | 755 | 57.4 | 42.6 |
| 2017 | 1690 | 749 | 55.7 | 44.3 |
| 2018 | 1651 | 743 | 55.0 | 45.0 |
| 2019 | 1877 | 873 | 53.5 | 46.5 |
| 2020 | 4910 | 1635 | 66.7 | 33.3 |
| 2021 | 4720 | 1689 | 64.2 | 35.8 |
| 2022 | 2228 | 993 | 55.4 | 44.6 |
| 2023 | 1822 | 854 | 53.1 | 46.9 |

资料来源：人力资源社会保障部。

注：1.指参加政府财政补贴的各类职业培训人数。下同。

2.2020年各地组织开展重点企业职工培训，虽然培训人数大幅度增加，但由于建筑等行业女性职工较少，因此女性占比偏低。

3.2021年包括未分性别的以工代训人员。

## 表4.14　实现就业的就业困难人数及性别构成

| 年份 | 人数（人） | #女 | 性别构成（%） | |
|---|---|---|---|---|
| | | | 男 | 女 |
| 2018 | 2674141 | 1313687 | 50.9 | 49.1 |
| 2019 | 2694613 | 1313417 | 51.3 | 48.7 |
| 2020 | 2673512 | 1374920 | 48.6 | 51.4 |
| 2021 | 2654174 | 1400754 | 47.2 | 52.8 |
| 2022 | 2687761 | 1451952 | 46.0 | 54.0 |
| 2023 | 2684282 | 1469944 | 45.2 | 54.8 |

资料来源：人力资源社会保障部。

## 表4.15　残疾人就业人数及性别构成

| 年份 | 人数（万人） | #女 | 性别构成（%） | |
|---|---|---|---|---|
| | | | 男 | 女 |
| 2017 | 942.1 | 296.8 | 68.5 | 31.5 |
| 2018 | 948.4 | 298.2 | 68.6 | 31.4 |
| 2019 | 855.2 | 260.3 | 69.6 | 30.4 |
| 2020 | 861.7 | 260.0 | 69.8 | 30.2 |
| 2021 | 881.6 | 262.3 | 70.2 | 29.8 |
| 2022 | 905.5 | 269.8 | 70.2 | 29.8 |
| 2023 | 906.1 | 271.0 | 70.1 | 29.9 |

资料来源：中国残联。

## 表4.16 执行了《女职工劳动保护特别规定》及设立女职工哺乳室的企业比重

单位：%

| 年 份 | 执行《女职工劳动保护特别规定》的企业比重 | 设立女职工哺乳室的企业比重 |
|---|---|---|
| 2008 | 43.4 | |
| 2009 | 45.6 | |
| 2010 | 54.9 | |
| 2011 | 59.3 | |
| 2012 | 66.5 | |
| 2013 | 67.2 | |
| 2014 | 72.6 | |
| 2015 | 74.0 | |
| 2016 | 73.0 | |
| 2017 | 71.2 | |
| 2018 | 68.4 | 11.3 |
| 2019 | 69.6 | 11.3 |
| 2020 | 71.3 | 11.0 |
| 2021 | 73.3 | 11.4 |
| 2022 | 72.9 | 11.7 |
| 2023 | 73.5 | 11.7 |

资料来源：全国总工会。

# 五、社会服务

## 表5.1 城市居民最低生活保障人数及性别构成

| 年 份 | 城市居民最低生活保障人数（万人） | #女 | 性别构成(%) | |
|---|---|---|---|---|
| | | | 男 | 女 |
| 2011 | 2276.8 | 920.2 | 59.6 | 40.4 |
| 2012 | 2143.5 | 889.9 | 58.5 | 41.5 |
| 2013 | 2064.2 | 867.0 | 58.0 | 42.0 |
| 2014 | 1877.0 | 792.4 | 57.8 | 42.2 |
| 2015 | 1701.1 | 727.1 | 57.3 | 42.7 |
| 2016 | 1480.2 | 643.6 | 56.5 | 43.5 |
| 2017 | 1261.0 | 561.4 | 55.5 | 44.5 |
| 2018 | 1007.0 | 451.6 | 55.2 | 44.8 |
| 2019 | 860.9 | 386.3 | 55.1 | 44.9 |
| 2020 | 805.1 | 372.2 | 53.8 | 46.2 |
| 2021 | 737.8 | 345.2 | 53.2 | 46.8 |
| 2022 | 682.4 | 320.1 | 53.1 | 46.9 |
| 2023 | 663.6 | 311.8 | 53.0 | 47.0 |

资料来源：民政部。

## 表5.2 农村居民最低生活保障人数及性别构成

| 年 份 | 农村居民最低生活保障人数（万人） | #女 | 性别构成(%) | |
|---|---|---|---|---|
| | | | 男 | 女 |
| 2011 | 5305.7 | 1700.6 | 67.9 | 32.1 |
| 2012 | 5344.5 | 1814.5 | 66.0 | 34.0 |
| 2013 | 5388.0 | 1866.5 | 65.4 | 34.6 |
| 2014 | 5207.2 | 1826.4 | 64.9 | 35.1 |
| 2015 | 4903.6 | 1795.0 | 63.4 | 36.6 |
| 2016 | 4586.5 | 1774.2 | 61.3 | 38.7 |
| 2017 | 4045.2 | 1649.2 | 59.2 | 40.8 |
| 2018 | 3519.1 | 1476.5 | 58.0 | 42.0 |
| 2019 | 3455.4 | 1502.8 | 56.5 | 43.5 |
| 2020 | 3620.8 | 1673.4 | 53.8 | 46.2 |
| 2021 | 3474.5 | 1627.8 | 53.1 | 46.9 |
| 2022 | 3349.6 | 1582.8 | 52.7 | 47.3 |
| 2023 | 3399.7 | 1615.4 | 52.5 | 47.5 |

资料来源：民政部。

## 表5.3　农村特困人员救助供养人数及性别构成

| 年 份 | 人 数（万人） | #未成年人 | #女 | 性别构成（%） | |
|---|---|---|---|---|---|
| | | | | 男 | 女 |
| 2011 | 551.0 | | 115.6 | 79.0 | 21.0 |
| 2012 | 545.6 | | 109.4 | 79.9 | 20.1 |
| 2013 | 537.3 | | 102.0 | 81.0 | 19.0 |
| 2014 | 529.1 | | 94.1 | 82.2 | 17.8 |
| 2015 | 516.8 | 17.9 | 87.2 | 83.1 | 16.9 |
| 2016 | 496.9 | 14.1 | 76.2 | 84.7 | 15.3 |
| 2017 | 466.9 | 9.2 | 61.5 | 86.8 | 13.2 |
| 2018 | 455.0 | 7.1 | 57.0 | 87.5 | 12.5 |
| 2019 | 439.1 | 4.8 | 47.0 | 89.3 | 10.7 |
| 2020 | 446.3 | 3.9 | 49.1 | 89.0 | 11.0 |
| 2021 | 437.3 | 3.1 | 45.4 | 89.6 | 10.4 |
| 2022 | 434.5 | 2.6 | 42.9 | 90.1 | 9.9 |
| 2023 | 435.4 | 2.2 | 41.4 | 90.5 | 9.5 |

资料来源：民政部。

注：2016年之前农村特困人员指农村五保人员，下同。

## 表5.4　城市特困人员救助供养人数及性别构成

| 年 份 | 人 数（万人） | #未成年人（人） | #女 | 性别构成（%） | |
|---|---|---|---|---|---|
| | | | | 男 | 女 |
| 2021 | 32.8 | 3357 | 6.1 | 81.3 | 18.7 |
| 2022 | 35.0 | 2838 | 6.8 | 80.5 | 19.5 |
| 2023 | 37.3 | 2463 | 7.4 | 80.3 | 19.7 |

资料来源：民政部。

## 表5.5 城乡居民最低生活保障平均标准

单位：元/人月

| 年 份 | 城市 | 农村 |
|---|---|---|
| 2011 | 287.6 | 143.2 |
| 2012 | 330.1 | 172.3 |
| 2013 | 373.3 | 202.8 |
| 2014 | 410.5 | 231.4 |
| 2015 | 451.1 | 264.8 |
| 2016 | 494.6 | 312.0 |
| 2017 | 540.6 | 358.4 |
| 2018 | 579.7 | 402.8 |
| 2019 | 624.0 | 444.6 |
| 2020 | 677.6 | 496.9 |
| 2021 | 711.4 | 530.2 |
| 2022 | 752.3 | 582.1 |
| 2023 | 785.9 | 621.3 |

资料来源：民政部。

## 表5.6 提供住宿的民政服务机构基本情况

| 年 份 | 机构数（万个） | #儿童收养救助（个） | 床位数（万张） | 收留抚养和救助人数（万人） | #儿童 | #女 |
|---|---|---|---|---|---|---|
| 2011 | 4.6 | 638 | 396.4 | 293.4 | 4.6 | 63.9 |
| 2012 | 4.8 | 724 | 449.3 | 309.5 | 10.8 | 68.4 |
| 2013 | 4.6 | 803 | 462.4 | 322.5 | 11.1 | 70.4 |
| 2014 | 3.7 | 890 | 426.0 | 337.0 | 10.3 | 64.3 |
| 2015 | 3.1 | 753 | 393.2 | 231.7 | 9.8 | 57.5 |
| 2016 | 3.2 | 705 | 414.0 | 236.3 | 9.6 | 59.8 |
| 2017 | 3.2 | 663 | 419.6 | 228.8 | 9.4 | 61.6 |
| 2018 | 3.1 | 651 | 408.1 | 211.9 | 9.3 | 62.7 |
| 2019 | 3.7 | 686 | 467.4 | 231.6 | 8.1 | 70.1 |
| 2020 | 4.1 | 760 | 515.4 | 235.6 | 7.3 | 72.5 |
| 2021 | 4.3 | 815 | 530.5 | 238.1 | 6.9 | 77.2 |
| 2022 | 4.3 | 925 | 545.2 | 229.9 | 6.4 | 75.2 |
| 2023 | 4.4 | 990 | 543.6 | 235.1 | 5.9 | 79.5 |

资料来源：民政部。

## 表5.7 孤儿总数

| 年 份 | 合 计（人） | 集中养育 | 社会散居 |
|---|---|---|---|
| 2012 | 570075 | 95251 | 474824 |
| 2013 | 548845 | 93899 | 454946 |
| 2014 | 525179 | 93522 | 431657 |
| 2015 | 502105 | 91712 | 410393 |
| 2016 | 460450 | 87502 | 372948 |
| 2017 | 409840 | 86025 | 323815 |
| 2018 | 305110 | 69760 | 235350 |
| 2019 | 233117 | 64482 | 168635 |
| 2020 | 193281 | 58989 | 134292 |
| 2021 | 172716 | 53302 | 119414 |
| 2022 | 157969 | 47409 | 110560 |
| 2023 | 144447 | 42311 | 102136 |

资料来源：民政部。

## 表5.8 儿童收养情况

| 年 份 | 被收养儿童（人） | #被中国公民收养的儿童 | #由社会福利机构抚养的儿童 |
|---|---|---|---|
| 2011 | 31329 | 28117 | 1679 |
| 2012 | 27310 | 23189 | 1760 |
| 2013 | 24491 | 21261 | 9657 |
| 2014 | 22876 | 20055 | 10336 |
| 2015 | 22363 | 19430 | 10704 |
| 2016 | 18736 | 15965 | 8884 |
| 2017 | 18820 | 16592 | 9115 |
| 2018 | 16267 | 14582 | 8581 |
| 2019 | 13044 | 12074 | 3019 |
| 2020 | 11103 | 11040 | 3093 |
| 2021 | 12447 | 12445 | 3386 |
| 2022 | 8432 | | 1982 |
| 2023 | 8162 | | 1594 |

资料来源：民政部。

## 表5.9 被收养的女童及残疾儿童数

单位：人

| 年 份 | 女童 | 残疾儿童 |
|---|---|---|
| 2011 | 23211 | 3086 |
| 2012 | 19658 | 3016 |
| 2013 | 17164 | 2632 |
| 2014 | 16158 | 2637 |
| 2015 | 14751 | 3290 |
| 2016 | 12586 | 2554 |
| 2017 | 12425 | 2154 |
| 2018 | 10355 | 1479 |
| 2019 | 8159 | 906 |
| 2020 | 6561 | 151 |
| 2021 | 7034 | 115 |
| 2022 | 4714 | 78 |
| 2023 | 4295 | 105 |

资料来源：民政部。

## 表5.10 社区服务建设

| 年 份 | 社区服务机构和设施（万个） | #社区服务中心（个） | 基层组织中持有证书的专业社会工作者人数（人） |
|---|---|---|---|
| 2011 | 16.0 | 14391 | 8811 |
| 2012 | 20.0 | 15497 | 13781 |
| 2013 | 25.2 | 19014 | 17905 |
| 2014 | 31.1 | 23088 | 19848 |
| 2015 | 36.1 | 24138 | 23012 |
| 2016 | 38.6 | 23493 | 30761 |
| 2017 | 40.7 | 25015 | 38425 |
| 2018 | 42.7 | 27635 | 46888 |
| 2019 | 52.8 | 27489 | 60663 |
| 2020 | 80.2 | 27835 | 70674 |
| 2021 | 56.7 | 28892 | 77774 |
| 2022 | 59.1 | 29520 | 81922 |

资料来源：民政部。

## 表5.11 流浪乞讨人员救助管理站基本情况

| 年 份 | 单位数（个） | 职工人数（人） | #女 | 救助人次（万人次） | #女 | #儿童 |
|---|---|---|---|---|---|---|
| 2011 | 1547 | 15668 | 5291 | 231.3 | 36.5 | 13.9 |
| 2012 | 1770 | 16866 | 5743 | 221.5 | 37.4 | 11.1 |
| 2013 | 1891 | 17587 | 5924 | 289.1 | 60.0 | 14.4 |
| 2014 | 1949 | 17848 | 5977 | 295.3 | 56.9 | 11.6 |
| 2015 | 1766 | 17419 | 5939 | 318.7 | 60.3 | 10.2 |
| 2016 | 1736 | 17344 | 5982 | 283.5 | 46.2 | 11.2 |
| 2017 | 1623 | 17098 | 5985 | 163.1 | 25.2 | 5.9 |
| 2018 | 1534 | 16667 | 5813 | 119.8 | 16.5 | 5.4 |
| 2019 | 1545 | 16408 | 5750 | 131.5 | 12.7 | 4.4 |
| 2020 | 1555 | 16723 | 5831 | 83.2 | 7.2 | 2.2 |
| 2021 | 1562 | 17029 | 6149 | 73.9 | 5.8 | 1.8 |
| 2022 | 1573 | 17258 | 6342 | 32.1 | 4.0 | 1.3 |
| 2023 | 1567 | 17048 | 6378 | 57.8 | 6.4 | 2.2 |

资料来源：民政部。

## 表5.12 未成年人救助保护中心基本情况

| 年 份 | 单位数（个） | 职工人数（人） | #女 | 救助人次（人次） | #女 | #儿童 |
|---|---|---|---|---|---|---|
| 2011 | 241 | 1679 | 611 | 62038 | 7619 | 39851 |
| 2012 | 261 | 2030 | 759 | 65316 | 9695 | 41112 |
| 2013 | 274 | 2043 | 761 | 70873 | 9501 | 36139 |
| 2014 | 345 | 2049 | 810 | 41979 | 6954 | 41979 |
| 2015 | 275 | 1751 | 668 | 47087 | 5809 | 47087 |
| 2016 | 240 | 1696 | 706 | 51554 | 5709 | 51554 |
| 2017 | 194 | 1474 | 583 | 34929 | 4829 | 34929 |
| 2018 | 176 | 1359 | 553 | 22053 | 4201 | 22053 |
| 2019 | 202 | 1792 | 756 | 17926 | 3836 | 17926 |
| 2020 | 252 | 2477 | 1089 | 9308 | 1896 | 9308 |
| 2021 | 276 | 2722 | 1201 | 6592 | 2202 | 6592 |
| 2022 | 396 | 3625 | 1669 | 9253 | 3493 | 9253 |
| 2023 | 518 | 4619 | 2350 | 13011 | 5622 | 13011 |

资料来源：民政部。

## 表5.13 接受康复服务的残疾儿童人数

| 类 别 | 2022年 | | 2023年 | |
|---|---|---|---|---|
| | 人数(人) | 构成(%) | 人数(人) | 构成(%) |
| **合 计** | **662337** | | **724859** | |
| **持证残疾儿童** | **445138** | **100.0** | **473142** | **100.0** |
| 视力残疾 | 11182 | 2.5 | 11005 | 2.3 |
| 听力残疾 | 44926 | 10.1 | 46524 | 9.8 |
| 言语残疾 | 10796 | 2.4 | 11745 | 2.5 |
| 肢体残疾 | 99700 | 22.4 | 99237 | 21.0 |
| 智力残疾 | 146709 | 33.0 | 157537 | 33.3 |
| 精神残疾 | 51470 | 11.6 | 57739 | 12.2 |
| 多重残疾 | 80355 | 18.1 | 89355 | 18.9 |
| **未持证残疾儿童** | **217199** | | **251717** | |

资料来源：中国残联。

## 图 5.1 开展残疾儿童康复的残疾人康复机构数

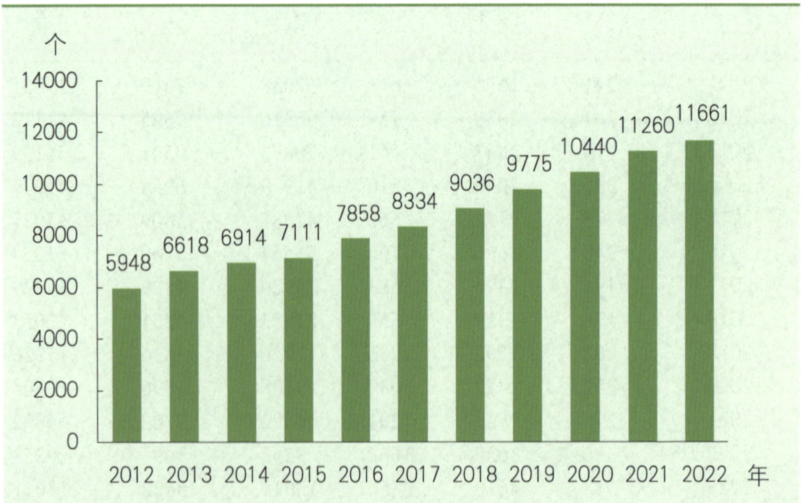


资料来源：中国残联。

## 图 5.2 残疾儿童接受康复救助人数

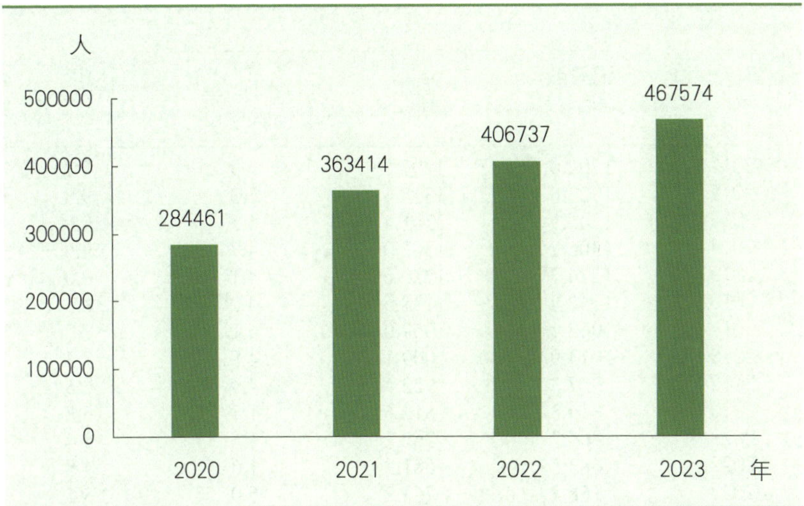


资料来源：中国残联。

## 表5.14 结婚登记人口婚姻状况

| 年 份 | 结婚登记人数（万人） | 初婚 | 再婚 | #女（万人） | #复婚（万对） |
|---|---|---|---|---|---|
| 2011 | 2604.8 | 2309.9 | 294.9 | 146.5 | 21.0 |
| 2012 | 2647.2 | 2361.2 | 286.0 | 145.8 | 23.0 |
| 2013 | 2693.8 | 2386.0 | 307.9 | 156.5 | 29.9 |
| 2014 | 2613.5 | 2286.8 | 326.7 | 168.7 | 34.8 |
| 2015 | 2449.4 | 2109.0 | 340.4 | 177.2 | 39.9 |
| 2016 | 2285.6 | 1913.3 | 372.4 | 195.0 | 47.4 |
| 2017 | 2126.2 | 1746.3 | 379.9 | 201.4 | 52.3 |
| 2018 | 2027.9 | 1598.7 | 429.2 | 230.6 | 56.3 |
| 2019 | 1854.7 | 1398.7 | 455.9 | 246.8 | 61.9 |
| 2020 | 1628.7 | 1228.6 | 400.1 | 219.0 | 55.5 |
| 2021 | 1528.6 | 1157.8 | 370.8 | 205.4 | 49.6 |
| 2022 | 1367.0 | 1051.8 | 315.2 | 176.4 | 41.6 |
| 2023 | 1536.4 | 1194.0 | 342.4 | 194.6 | 44.3 |

资料来源：民政部。

## 表5.15 结婚登记情况

| 年 份 | 结婚登记总数（万对） | 内地居民 | 涉外及华侨港澳台居民 | 结婚率（‰） |
|---|---|---|---|---|
| 2011 | 1302.4 | 1297.5 | 4.9 | 9.7 |
| 2012 | 1323.6 | 1318.3 | 5.3 | 9.8 |
| 2013 | 1346.9 | 1341.4 | 5.5 | 9.9 |
| 2014 | 1306.7 | 1302.0 | 4.7 | 9.6 |
| 2015 | 1224.7 | 1220.6 | 4.1 | 9.0 |
| 2016 | 1142.8 | 1138.6 | 4.2 | 8.3 |
| 2017 | 1063.1 | 1059.0 | 4.1 | 7.7 |
| 2018 | 1013.9 | 1009.1 | 4.8 | 7.3 |
| 2019 | 927.3 | 922.4 | 4.9 | 6.6 |
| 2020 | 814.3 | 812.6 | 1.7 | 5.8 |
| 2021 | 764.3 | 762.7 | 1.6 | 5.4 |
| 2022 | 683.5 | 681.9 | 1.6 | 4.8 |
| 2023 | 768.2 | 763.2 | 5.0 | 5.5 |

资料来源：民政部。

## 表5.16 离婚情况

| 年 份 | 离婚总数（万对） | 民政部门登记 | 内地居民 | 涉外及华侨港澳台居民（对） | 法院部门办理（万件） | 离婚率（‰） |
|---|---|---|---|---|---|---|
| 2011 | 287.4 | 220.7 | 220.2 | 5761 | 66.7 | 2.1 |
| 2012 | 310.4 | 242.3 | 241.7 | 6161 | 68.1 | 2.3 |
| 2013 | 350.0 | 281.5 | 280.9 | 6538 | 68.5 | 2.6 |
| 2014 | 363.9 | 295.7 | 295.1 | 6714 | 67.9 | 2.7 |
| 2015 | 384.3 | 314.9 | 314.3 | 6237 | 69.3 | 2.8 |
| 2016 | 415.8 | 348.6 | 348.0 | 6315 | 67.2 | 3.0 |
| 2017 | 437.4 | 370.4 | 369.8 | 6307 | 66.9 | 3.2 |
| 2018 | 446.1 | 381.2 | 380.5 | 7567 | 64.9 | 3.2 |
| 2019 | 470.1 | 404.7 | 404.0 | 7104 | 65.3 | 3.4 |
| 2020 | 433.9 | 373.6 | 373.2 | 4125 | 60.3 | 3.1 |
| 2021 | 283.9 | 214.1 | 213.9 | 2231 | 69.8 | 2.0 |
| 2022 | 287.9 | 210.0 | 209.7 | 2857 | 77.9 | 2.0 |
| 2023 | 360.5 | 259.4 | 258.8 | 5835 | 101.2 | 2.6 |

资料来源：民政部。

# 六、社会参与

## 表6.1 历届全国人民代表大会代表人数及性别构成

| 届别及召开年份 | 人数（人） | #女 | 性别构成(%) 男 | 性别构成(%) 女 |
|---|---|---|---|---|
| 第一届(1954) | 1226 | 147 | 88.0 | 12.0 |
| 第二届(1959) | 1222 | 150 | 87.7 | 12.3 |
| 第三届(1964) | 3037 | 540 | 82.2 | 17.8 |
| 第四届(1975) | 2885 | 651 | 77.4 | 22.6 |
| 第五届(1978) | 3497 | 744 | 78.7 | 21.3 |
| 第六届(1983) | 2978 | 631 | 78.8 | 21.2 |
| 第七届(1988) | 2970 | 634 | 78.7 | 21.3 |
| 第八届(1993) | 2978 | 626 | 79.0 | 21.0 |
| 第九届(1998) | 2979 | 650 | 78.2 | 21.8 |
| 第十届(2003) | 2984 | 604 | 79.8 | 20.2 |
| 第十一届(2008) | 2987 | 637 | 78.7 | 21.3 |
| 第十二届(2013) | 2987 | 699 | 76.6 | 23.4 |
| 第十三届(2018) | 2980 | 742 | 75.1 | 24.9 |
| 第十四届(2023) | 2977 | 790 | 73.5 | 26.5 |

资料来源：全国人大。

## 图6.1 第九至十四届全国人大常务委员会委员中女性比例

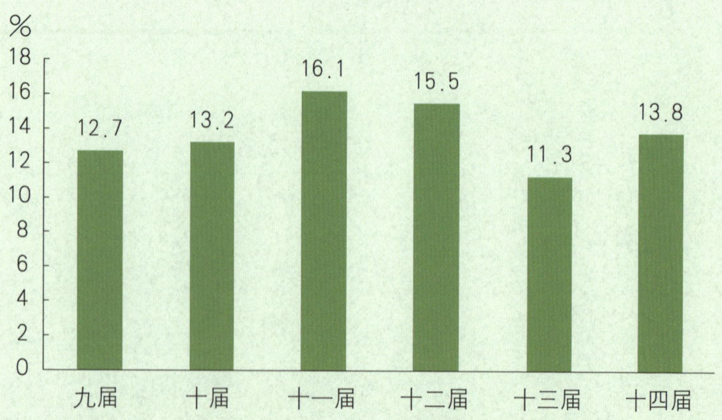


资料来源：全国人大。

## 表6.2 历届全国政协委员人数及性别构成

| 届别及召开年份 | 人数（人） | #女 | 性别构成(%) 男 | 性别构成(%) 女 |
|---|---|---|---|---|
| 第一届(1949) | 180 | 12 | 93.3 | 6.7 |
| 第二届(1954) | 559 | 64 | 88.6 | 11.4 |
| 第三届(1959) | 1071 | 87 | 91.9 | 8.1 |
| 第四届(1965) | 1199 | 108 | 91.0 | 9.0 |
| 第五届(1978) | 1988 | 261 | 86.9 | 13.1 |
| 第六届(1983) | 2039 | 260 | 87.2 | 12.8 |
| 第七届(1988) | 2081 | 289 | 86.1 | 13.9 |
| 第八届(1993) | 2093 | 287 | 86.3 | 13.7 |
| 第九届(1998) | 2196 | 341 | 84.5 | 15.5 |
| 第十届(2003) | 2238 | 374 | 83.3 | 16.7 |
| 第十一届(2008) | 2237 | 395 | 82.3 | 17.7 |
| 第十二届(2013) | 2237 | 399 | 82.2 | 17.8 |
| 第十三届(2018) | 2158 | 440 | 79.6 | 20.4 |
| 第十四届(2023) | 2172 | 487 | 77.6 | 22.4 |

资料来源：全国政协。

## 图6.2 第九至十四届全国政协女常委比例

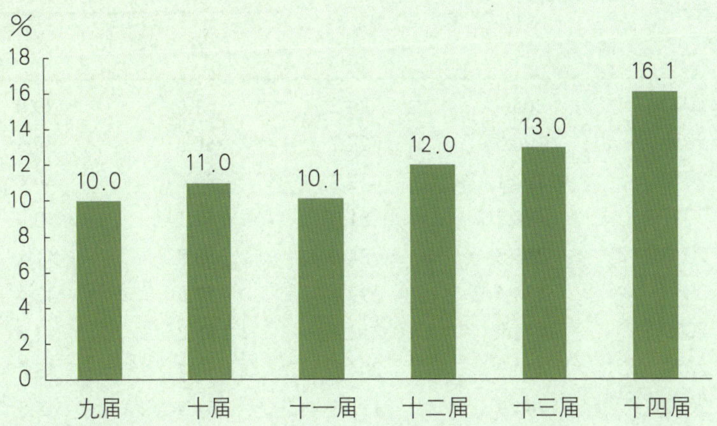


资料来源：全国政协。

## 表6.3 中国共产党基层组织情况

单位：万个

| 年 份 | 基层组织 | 基层党委 | 总支部 | 支部 |
|---|---|---|---|---|
| 2014 | 436.0 | 20.9 | 27.1 | 388.0 |
| 2015 | 441.3 | 21.3 | 27.6 | 392.4 |
| 2016 | 451.8 | 22.0 | 27.7 | 402.1 |
| 2017 | 457.2 | 22.8 | 29.1 | 405.2 |
| 2018 | 461.0 | 23.9 | 29.9 | 407.2 |
| 2019 | 468.1 | 24.9 | 30.5 | 412.7 |
| 2020 | 486.4 | 27.3 | 31.4 | 427.7 |
| 2021 | 493.6 | 27.8 | 31.6 | 434.2 |
| 2022 | 506.5 | 28.9 | 32.0 | 445.6 |
| 2023 | 517.6 | 29.8 | 32.5 | 445.4 |

注：2020年为截至2021年6月5日数据，下同。

## 表6.4 中国共产党发展党员人数及性别构成

| 年 份 | 人 数（万人） | #女 | 性别构成(%) | |
|---|---|---|---|---|
| | | | 男 | 女 |
| 2014 | 205.7 | 80.2 | 61.0 | 39.0 |
| 2015 | 196.5 | 77.7 | 60.5 | 39.5 |
| 2016 | 191.1 | 77.2 | 59.6 | 40.4 |
| 2017 | 198.2 | 81.0 | 59.1 | 40.9 |
| 2018 | 205.5 | 84.6 | 58.8 | 41.2 |
| 2019 | 234.4 | 99.4 | 57.6 | 42.4 |
| 2020 | 473.9 | 212.4 | 55.2 | 44.8 |
| 2021 | 438.3 | 204.2 | 53.4 | 46.6 |
| 2022 | 244.9 | 111.5 | 54.5 | 45.5 |
| 2023 | 240.8 | 110.5 | 54.1 | 45.9 |

## 表6.5 中国共产党党员人数及性别构成

| 年 份 | 人 数（万人） | #女 | 性别构成（%） | |
| --- | --- | --- | --- | --- |
| | | | 男 | 女 |
| 2011 | 8260.2 | 1925.0 | 76.7 | 23.3 |
| 2012 | 8512.7 | 2026.9 | 76.2 | 23.8 |
| 2013 | 8668.6 | 2109.0 | 75.7 | 24.3 |
| 2014 | 8779.3 | 2167.2 | 75.3 | 24.7 |
| 2015 | 8875.8 | 2227.8 | 74.9 | 25.1 |
| 2016 | 8944.7 | 2298.2 | 74.3 | 25.7 |
| 2017 | 8956.4 | 2388.8 | 73.3 | 26.7 |
| 2018 | 9059.4 | 2466.5 | 72.8 | 27.2 |
| 2019 | 9191.4 | 2559.9 | 72.1 | 27.9 |
| 2020 | 9514.8 | 2745.0 | 71.2 | 28.8 |
| 2021 | 9671.2 | 2843.1 | 70.6 | 29.4 |
| 2022 | 9804.1 | 2930.2 | 70.1 | 29.9 |
| 2023 | 9918.5 | 3018.5 | 69.6 | 30.4 |

## 表6.6 中国共产党第十八至二十届代表大会代表人数及性别构成

| 届别及召开年份 | 人 数（人） | #女 | 性别构成（%） | |
| --- | --- | --- | --- | --- |
| | | | 男 | 女 |
| 第十八届（2012） | 2270 | 521 | 77.0 | 23.0 |
| 第十九届（2017） | 2280 | 551 | 75.8 | 24.2 |
| 第二十届（2022） | 2296 | 619 | 73.0 | 27.0 |

## 表6.7 中国共产党代表大会中央委员会委员人数及性别构成

| 届别及召开年份 | 中央委员（人） | #女 | 性别构成(%) | |
|---|---|---|---|---|
| | | | 男 | 女 |
| 第九届(1969) | 170 | 13 | 92.4 | 7.6 |
| 第十届(1973) | 195 | 20 | 89.7 | 10.3 |
| 第十一届(1977) | 201 | 14 | 93.0 | 7.0 |
| 第十二届(1982) | 210 | 11 | 94.8 | 5.2 |
| 第十三届(1987) | 175 | 10 | 94.3 | 5.7 |
| 第十四届(1992) | 189 | 12 | 93.7 | 6.3 |
| 第十五届(1997) | 193 | 8 | 95.9 | 4.1 |
| 第十六届(2002) | 198 | 5 | 97.5 | 2.5 |
| 第十七届(2007) | 204 | 13 | 93.6 | 6.4 |
| 第十八届(2012) | 205 | 10 | 95.1 | 4.9 |
| 第十九届(2017) | 204 | 10 | 95.1 | 4.9 |
| 第二十届(2022) | 205 | 11 | 94.6 | 5.4 |

## 表6.7 续表

| 届别及召开年份 | 中央候补委员（人） | #女 | 性别构成(%) | |
|---|---|---|---|---|
| | | | 男 | 女 |
| 第九届(1969) | 109 | 10 | 90.8 | 9.2 |
| 第十届(1973) | 124 | 21 | 83.1 | 16.9 |
| 第十一届(1977) | 132 | 24 | 81.8 | 18.2 |
| 第十二届(1982) | 138 | 13 | 90.6 | 9.4 |
| 第十三届(1987) | 110 | 12 | 89.1 | 10.9 |
| 第十四届(1992) | 130 | 12 | 90.8 | 9.2 |
| 第十五届(1997) | 151 | 17 | 88.7 | 11.3 |
| 第十六届(2002) | 158 | 22 | 86.1 | 13.9 |
| 第十七届(2007) | 167 | 24 | 85.6 | 14.4 |
| 第十八届(2012) | 171 | 23 | 86.5 | 13.5 |
| 第十九届(2017) | 172 | 20 | 88.4 | 11.6 |
| 第二十届(2022) | 171 | 22 | 87.1 | 12.9 |

## 表6.8 中国共产党第十八至二十届中央政治局委员人数及性别构成

| 届别及召开年份 | 人数（人） | #女 | 性别构成（%） | |
|---|---|---|---|---|
| | | | 男 | 女 |
| 第十八届（2012） | 25 | 2 | 92.0 | 8.0 |
| 第十九届（2017） | 25 | 1 | 96.0 | 4.0 |
| 第二十届（2022） | 24 | | 100.0 | |

## 表6.9 中国共产党代表大会中央纪律检查委员会委员人数及性别构成

| 届别及召开年份 | 人数（人） | #女 | 性别构成（%） | |
|---|---|---|---|---|
| | | | 男 | 女 |
| 第十三届（1987） | 69 | 8 | 88.4 | 11.6 |
| 第十四届（1992） | 108 | 9 | 91.7 | 8.3 |
| 第十五届（1997） | 115 | 14 | 87.8 | 12.2 |
| 第十六届（2002） | 121 | 14 | 88.4 | 11.6 |
| 第十七届（2007） | 127 | 17 | 86.6 | 13.4 |
| 第十八届（2012） | 130 | 13 | 90.0 | 10.0 |
| 第十九届（2017） | 133 | 9 | 93.2 | 6.8 |
| 第二十届（2022） | 133 | 9 | 93.2 | 6.8 |

## 表6.10 2022年各民主党派人数及性别构成

| 党派 | 人数（万人） | #女 | 性别构成(%) | |
|---|---|---|---|---|
| | | | 男 | 女 |
| 中国国民党革命委员会 | 16.3 | 6.4 | 60.7 | 39.3 |
| 中国民主同盟 | 34.8 | 15.9 | 54.3 | 45.7 |
| 中国民主建国会 | 22.6 | 8.0 | 64.6 | 35.4 |
| 中国民主促进会 | 19.5 | 9.8 | 49.7 | 50.3 |
| 中国农工民主党 | 19.7 | 10.1 | 48.7 | 51.3 |
| 中国致公党 | 6.9 | 3.1 | 55.1 | 44.9 |
| 九三学社 | 21.0 | 8.9 | 57.6 | 42.4 |
| 台湾民主自治同盟 | 0.3 | 0.2 | 33.3 | 66.7 |

## 表6.11 2022年各民主党派中央委员人数及性别构成

| 党派 | 人数（人） | #女 | 性别构成(%) | |
|---|---|---|---|---|
| | | | 男 | 女 |
| 中国国民党革命委员会 | 218 | 67 | 69.3 | 30.7 |
| 中国民主同盟 | 275 | 74 | 73.1 | 26.9 |
| 中国民主建国会 | 201 | 62 | 69.2 | 30.8 |
| 中国民主促进会 | 209 | 69 | 67.0 | 33.0 |
| 中国农工民主党 | 206 | 69 | 66.5 | 33.5 |
| 中国致公党 | 116 | 35 | 69.8 | 30.2 |
| 九三学社 | 237 | 64 | 73.0 | 27.0 |
| 台湾民主自治同盟 | 69 | 31 | 55.1 | 44.9 |

## 表6.12 工会会员性别构成

单位：%

| 年份 | 男 | 女 |
|---|---|---|
| 2011 | 62.3 | 37.7 |
| 2012 | 62.1 | 37.9 |
| 2013 | 62.2 | 37.8 |
| 2014 | 61.9 | 38.1 |
| 2015 | 61.8 | 38.2 |
| 2016 | 62.0 | 38.0 |
| 2017 | 61.7 | 38.3 |
| 2018 | 61.5 | 38.5 |
| 2019 | 61.2 | 38.8 |
| 2020 | 61.0 | 39.0 |
| 2021 | 61.0 | 39.0 |
| 2022 | 60.9 | 39.1 |
| 2023 | 60.6 | 39.4 |

资料来源：全国总工会。

## 表6.13 职工代表人数及性别构成

| 年份 | 职工代表数（万人） | #女 | 性别构成（%） | |
|---|---|---|---|---|
| | | | 男 | 女 |
| 2011 | 1638.9 | 505.4 | 69.2 | 30.8 |
| 2012 | 2198.3 | 654.0 | 70.2 | 29.8 |
| 2013 | 2284.3 | 662.0 | 71.0 | 29.0 |
| 2014 | 2386.0 | 698.4 | 70.7 | 29.3 |
| 2015 | 2317.3 | 676.3 | 70.8 | 29.2 |
| 2016 | 2304.2 | 681.2 | 70.4 | 29.6 |
| 2017 | 2354.6 | 716.1 | 69.6 | 30.4 |
| 2018 | 2120.8 | 640.5 | 69.8 | 30.2 |
| 2019 | 1891.5 | 591.3 | 68.7 | 31.3 |
| 2020 | 1685.6 | 543.4 | 67.8 | 32.2 |
| 2021 | 1449.0 | 476.4 | 67.1 | 32.9 |
| 2022 | 1422.5 | 466.5 | 67.2 | 32.8 |
| 2023 | 1443.5 | 493.7 | 65.8 | 34.2 |

资料来源：全国总工会。

## 表6.14 企业职工代表大会、企业职工董事、企业职工监事中女性比重

单位：%

| 年 份 | 企业职工代表大会中女性代表比重 | 企业董事会中女职工董事占职工董事比重 | 企业监事会中女职工监事占职工监事比重 |
|---|---|---|---|
| 2011 | 29.2 | 31.6 | 35.6 |
| 2012 | 28.4 | 26.4 | 27.0 |
| 2013 | 27.7 | 29.1 | 29.2 |
| 2014 | 28.0 | 40.1 | 41.5 |
| 2015 | 28.3 | 38.4 | 38.9 |
| 2016 | 28.7 | 39.9 | 40.1 |
| 2017 | 29.3 | 39.7 | 41.6 |
| 2018 | 28.8 | 39.9 | 41.9 |
| 2019 | 29.7 | 33.4 | 36.4 |
| 2020 | 30.2 | 34.9 | 38.2 |
| 2021 | 30.6 | 37.6 | 40.5 |
| 2022 | 30.3 | 37.1 | 40.8 |
| 2023 | 31.2 | 37.7 | 41.9 |

资料来源：全国总工会。

## 表6.15 妇联组织和妇联工作人员数

| 年 份 | 县级及以上 | | 乡级和村级妇联组织（个） |
|---|---|---|---|
| | 妇联组织（个） | 工作人员（人） | |
| 2018 | 3584 | 20952 | 681550 |
| 2019 | 3461 | 21241 | 678026 |
| 2020 | 3407 | 21289 | 659468 |
| 2021 | 3437 | 21420 | 640807 |
| 2022 | 3436 | 21647 | 642158 |
| 2023 | 3434 | 21733 | 643917 |

资料来源：全国妇联。

## 表6.16 社会组织职工中女性比重

单位：%

| 年 份 | 社会团体 | 基金会 | 民办非企业 |
|---|---|---|---|
| 2011 | 17.5 | 31.4 | 36.5 |
| 2012 | 22.3 | 30.7 | 37.8 |
| 2013 | 22.5 | 27.9 | 38.4 |
| 2014 | 21.8 | 26.6 | 38.6 |
| 2015 | 23.4 | 29.0 | 38.6 |
| 2016 | 23.0 | 29.5 | 38.7 |
| 2017 | 23.9 | 31.1 | 42.7 |
| 2018 | 21.9 | 17.1 | 43.2 |
| 2019 | 22.4 | 19.4 | 45.3 |
| 2020 | 22.5 | 23.5 | 46.7 |
| 2021 | 23.0 | 28.7 | 49.9 |
| 2022 | 23.8 | 31.8 | 52.8 |
| 2023 | 26.2 | 32.2 | 53.6 |

资料来源：民政部。

## 表6.17 社会组织负责人中女性比重

单位：%

| 年 份 | 社会团体 | 基金会 | 民办非企业 |
|---|---|---|---|
| 2011 | 13.8 | 22.2 | 32.8 |
| 2012 | 14.7 | 16.9 | 33.1 |
| 2013 | 16.4 | 19.5 | 33.4 |
| 2014 | 16.8 | 18.8 | 33.8 |
| 2015 | 18.4 | 22.8 | 33.0 |
| 2016 | 17.1 | 21.0 | 34.9 |
| 2017 | 18.5 | 23.9 | 35.5 |
| 2018 | 19.8 | 19.7 | 37.4 |
| 2019 | 17.3 | 16.8 | 37.3 |
| 2020 | 17.1 | 19.5 | 37.4 |
| 2021 | 15.5 | 26.8 | 38.7 |
| 2022 | 15.5 | 28.3 | 38.9 |
| 2023 | 15.0 | 26.4 | 39.7 |

资料来源：民政部。

## 表6.18 基层群众性自治组织中女性比重

单位：%

| 年 份 | 居民委员会 | | 村民委员会 | |
|---|---|---|---|---|
| | 成员 | 主任 | 成员 | 主任 |
| 2011 | 49.4 | 43.1 | 22.0 | 11.2 |
| 2012 | 48.8 | 41.4 | 22.1 | 11.7 |
| 2013 | 48.4 | 41.5 | 22.7 | 11.9 |
| 2014 | 48.4 | 41.0 | 22.8 | 12.3 |
| 2015 | 49.2 | 41.1 | 22.9 | 11.5 |
| 2016 | 48.7 | 39.6 | 22.5 | 10.5 |
| 2017 | 49.7 | 39.9 | 23.1 | 10.7 |
| 2018 | 50.4 | 39.9 | 24.0 | 11.1 |
| 2019 | 50.9 | 39.7 | 23.8 | 11.9 |
| 2020 | 52.1 | 39.0 | 24.2 | 9.8 |
| 2021 | 54.4 | 41.4 | 26.8 | 11.1 |
| 2022 | 54.3 | 41.3 | 26.1 | 10.9 |

资料来源：民政部。

## 表6.19 村委会选举情况

| 年 份 | 当年完成选举的村委会数(个) | 经推举产生的村民代表数(万人) | | 性别构成(%) | |
|---|---|---|---|---|---|
| | | | #女 | 男 | 女 |
| 2017 | 151513 | 1218.4 | 267.1 | 78.1 | 21.9 |
| 2018 | 243042 | 1138.4 | 151.0 | 86.7 | 13.3 |
| 2019 | 71672 | 542.1 | 88.4 | 83.7 | 16.3 |
| 2020 | 49369 | 328.5 | 51.3 | 84.4 | 15.6 |
| 2021 | 367931 | 1753.9 | 315.4 | 82.0 | 18.0 |
| 2022 | 36961 | 554.5 | 89.2 | 83.9 | 16.1 |

资料来源：民政部。

# 七、科 技

## 表7.1 中国两院院士人数及性别构成

| 学 部 | 人 数（人） | #女 | 性别构成(%) | |
|---|---|---|---|---|
| | | | 男 | 女 |
| **中国科学院院士** | **870** | **61** | **92.99** | **7.01** |
| 数学物理学部 | 162 | 9 | 94.44 | 5.56 |
| 化学部 | 139 | 11 | 92.09 | 7.91 |
| 生命科学和医学学部 | 155 | 19 | 87.74 | 12.26 |
| 地学部 | 145 | 6 | 95.86 | 4.14 |
| 信息技术科学部 | 112 | 8 | 92.86 | 7.14 |
| 技术科学部 | 157 | 8 | 94.90 | 5.10 |
| **中国工程院院士** | **956** | **50** | **94.77** | **5.23** |
| 机械与运载工程学部 | 132 | 3 | 97.73 | 2.27 |
| 信息与电子工程学部 | 139 | 5 | 96.40 | 3.60 |
| 化工、冶金与材料工程学部 | 115 | 6 | 94.78 | 5.22 |
| 能源与矿业工程学部 | 126 | 2 | 98.41 | 1.59 |
| 土木、水利与建筑工程学部 | 107 | 1 | 99.07 | 0.93 |
| 环境与轻纺工程学部 | 74 | 8 | 89.19 | 10.81 |
| 农业学部 | 91 | 4 | 95.60 | 4.40 |
| 医药卫生学部 | 132 | 16 | 87.88 | 12.12 |
| 工程管理学部 | 66 | 6 | 90.91 | 9.09 |

资料来源：国家统计局，《中国科技统计年鉴2024》。

注：1.工程管理学部66名院士中26人为跨学部院士，包括1位女院士。

2.本表数据不含外籍院士。

**图 7.1 中国科学院女院士学部分布情况（%）**

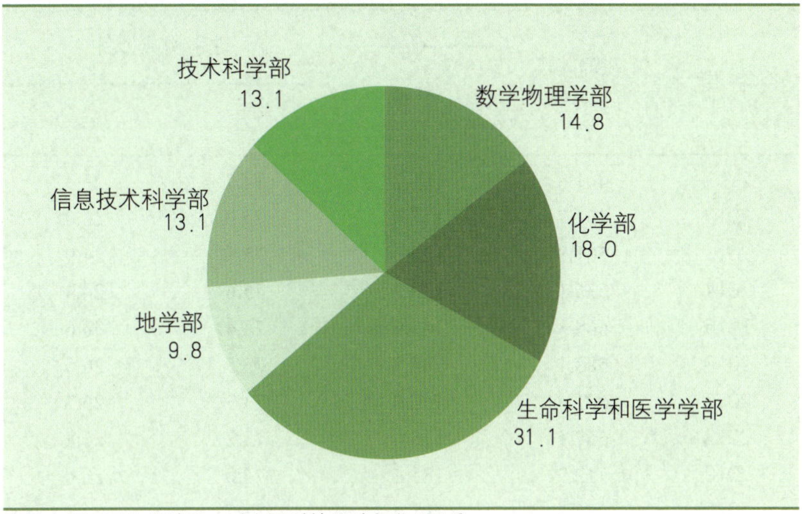


资料来源：国家统计局，《中国科技统计年鉴 2024》。

**图 7.2 中国工程院女院士学部分布情况（%）**

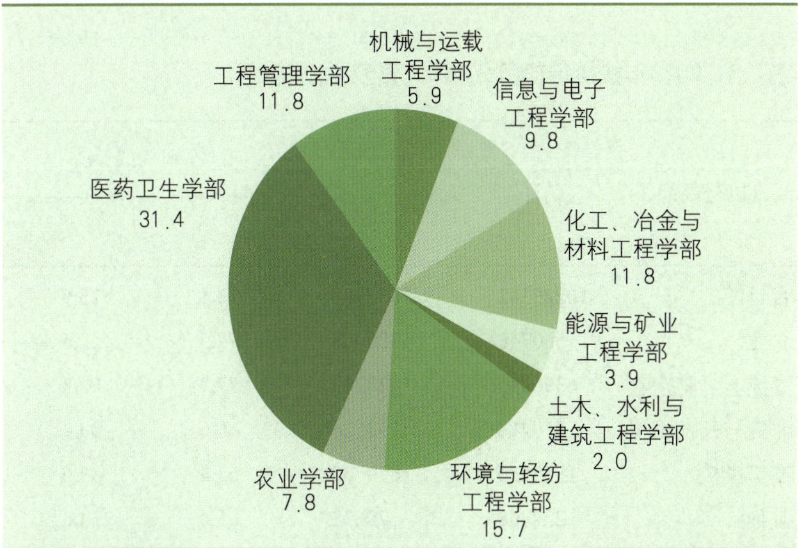


资料来源：国家统计局，《中国科技统计年鉴 2024》。

## 表7.2 研究与试验发展(R&D)人员及性别构成

| 年 份 | R&D人员(万人) | #女 | 性别构成(%) | |
|---|---|---|---|---|
| | | | 男 | 女 |
| 2011 | 401.8 | 101.7 | 74.7 | 25.3 |
| 2012 | 461.7 | 115.4 | 75.0 | 25.0 |
| 2013 | 501.8 | 125.0 | 75.1 | 24.9 |
| 2014 | 535.1 | 130.7 | 75.6 | 24.4 |
| 2015 | 548.3 | 145.6 | 73.4 | 26.6 |
| 2016 | 583.1 | 154.5 | 73.5 | 26.5 |
| 2017 | 621.4 | 166.0 | 73.3 | 26.7 |
| 2018 | 657.1 | 176.0 | 73.2 | 26.8 |
| 2019 | 712.9 | 185.4 | 74.0 | 26.0 |
| 2020 | 755.3 | 198.4 | 73.7 | 26.3 |
| 2021 | 858.1 | 222.4 | 74.1 | 25.9 |
| 2022 | 940.1 | 244.7 | 74.0 | 26.0 |
| 2023 | 1022.5 | 265.3 | 74.1 | 25.9 |

资料来源：国家统计局，历年中国科技统计年鉴。

## 表7.3 2023年按执行部门分R&D人员及性别构成

| 执行部门 | R&D人员(人) | #女 | 性别构成(%) | |
|---|---|---|---|---|
| | | | 男 | 女 |
| **合 计** | **10225382** | **2652980** | **74.1** | **25.9** |
| 企业 | 7560746 | 1700063 | 77.5 | 22.5 |
| #规上工业企业 | 6396445 | 1428213 | 77.7 | 22.3 |
| 研究与开发机构 | 579418 | 193526 | 66.6 | 33.4 |
| 高等学校 | 1855250 | 679759 | 63.4 | 36.6 |
| 其他 | 229968 | 79632 | 65.4 | 34.6 |

资料来源：国家统计局，《中国科技统计年鉴2024》。

## 表7.4 2023年规模以上工业企业R&D人员及性别构成

| 组 别 | R&D人员（人） | #女 | 性别构成（%） | |
|---|---|---|---|---|
| | | | 男 | 女 |
| **合 计** | **6396445** | **1428213** | **77.7** | **22.3** |
| **按企业规模分** | | | | |
| #大型企业 | 2269235 | 479024 | 78.9 | 21.1 |
| 中型企业 | 1625918 | 375886 | 76.9 | 23.1 |
| **按地区分** | | | | |
| 东部地区 | 4264116 | 966650 | 77.3 | 22.7 |
| 中部地区 | 1287434 | 275578 | 78.6 | 21.4 |
| 西部地区 | 687878 | 147797 | 78.5 | 21.5 |
| 东北地区 | 157017 | 38188 | 75.7 | 24.3 |
| **按登记注册类型分** | | | | |
| 内资企业 | 5329028 | 1176103 | 77.9 | 22.1 |
| 港澳台商投资企业 | 571909 | 134677 | 76.5 | 23.5 |
| 外商投资企业 | 495508 | 117433 | 76.3 | 23.7 |

资料来源：国家统计局，《中国科技统计年鉴2024》。

## 表7.5 2023年研究与开发机构R&D人员及性别构成

| 组 别 | R&D人员（人） | #女 | 性别构成（%） | |
|---|---|---|---|---|
| | | | 男 | 女 |
| **合 计** | **579418** | **193526** | **66.6** | **33.4** |
| **按隶属关系分** | | | | |
| 中央部门属 | 436681 | 136570 | 68.7 | 31.3 |
| 地方部门属 | 142737 | 56956 | 60.1 | 39.9 |
| **按门类科学分** | | | | |
| 自然科学 | 125655 | 45402 | 63.9 | 36.1 |
| 农业科学 | 73257 | 29655 | 59.5 | 40.5 |
| 医药科学 | 29282 | 16430 | 43.9 | 56.1 |
| 工程与技术科学 | 332147 | 92614 | 72.1 | 27.9 |
| 人文与社会科学 | 19077 | 9425 | 50.6 | 49.4 |

资料来源：国家统计局，《中国科技统计年鉴2024》。

## 表7.6　2023年规模以上工业企业按行业分R&D人员及性别构成

| 行　业 | R&D人员（人） | #女 | 性别构成（%） | |
|---|---|---|---|---|
| | | | 男 | 女 |
| **合　计** | **6396445** | **1428213** | **77.7** | **22.3** |
| 煤炭开采和洗选业 | 99044 | 3789 | 96.2 | 3.8 |
| 石油和天然气开采业 | 28694 | 9057 | 68.4 | 31.6 |
| 黑色金属矿采选业 | 9972 | 1224 | 87.7 | 12.3 |
| 有色金属矿采选业 | 13044 | 1378 | 89.4 | 10.6 |
| 非金属矿采选业 | 11609 | 1867 | 83.9 | 16.1 |
| 开采专业及辅助性活动 | 17421 | 2403 | 86.2 | 13.8 |
| 农副食品加工业 | 111442 | 34632 | 68.9 | 31.1 |
| 食品制造业 | 90830 | 34641 | 61.9 | 38.1 |
| 酒、饮料和精制茶制造业 | 43681 | 12700 | 70.9 | 29.1 |
| 烟草制品业 | 11160 | 2847 | 74.5 | 25.5 |
| 纺织业 | 162906 | 60830 | 62.7 | 37.3 |
| 纺织服装、服饰业 | 70350 | 35028 | 50.2 | 49.8 |
| 皮革、毛皮、羽毛及其制品和制鞋业 | 66682 | 25957 | 61.1 | 38.9 |
| 木材加工和木、竹、藤、棕、草制品业 | 39467 | 9793 | 75.2 | 24.8 |
| 家具制造业 | 57023 | 14952 | 73.8 | 26.2 |
| 造纸和纸制品业 | 65012 | 14953 | 77.0 | 23.0 |
| 印刷和记录媒介复制业 | 51743 | 13739 | 73.4 | 26.6 |
| 文教、工美、体育和娱乐用品制造业 | 75631 | 23362 | 69.1 | 30.9 |
| 石油、煤炭及其他燃料加工业 | 46121 | 7842 | 83.0 | 17.0 |
| 化学原料和化学制品制造业 | 332971 | 82263 | 75.3 | 24.7 |

资料来源：国家统计局，《中国科技统计年鉴2024》。

表7.6 续表

| 行业 | R&D人员（人） | #女 | 性别构成(%) 男 | 女 |
|---|---|---|---|---|
| 医药制造业 | 253459 | 122873 | 51.5 | 48.5 |
| 化学纤维制造业 | 46653 | 11875 | 74.5 | 25.5 |
| 橡胶和塑料制品业 | 222293 | 50792 | 77.2 | 22.8 |
| 非金属矿物制品业 | 290312 | 57574 | 80.2 | 19.8 |
| 黑色金属冶炼和压延加工业 | 156414 | 19409 | 87.6 | 12.4 |
| 有色金属冶炼和压延加工业 | 144169 | 22933 | 84.1 | 15.9 |
| 金属制品业 | 282741 | 51503 | 81.8 | 18.2 |
| 通用设备制造业 | 469080 | 77297 | 83.5 | 16.5 |
| 专用设备制造业 | 423103 | 75829 | 82.1 | 17.9 |
| 汽车制造业 | 490236 | 79741 | 83.7 | 16.3 |
| 铁路、船舶、航空航天和其他运输设备制造业 | 159542 | 32272 | 79.8 | 20.2 |
| 电气机械和器材制造业 | 634928 | 132340 | 79.2 | 20.8 |
| 计算机、通信和其他电子设备制造业 | 1088924 | 240448 | 77.9 | 22.1 |
| 仪器仪表制造业 | 151504 | 26334 | 82.6 | 17.4 |
| 其他制造业 | 32060 | 8046 | 74.9 | 25.1 |
| 废弃资源综合利用业 | 17290 | 3441 | 80.1 | 19.9 |
| 金属制品、机械和设备修理业 | 11058 | 1121 | 89.9 | 10.1 |
| 电力、热力生产和供应业 | 90124 | 15268 | 83.1 | 16.9 |
| 燃气生产和供应业 | 12886 | 2401 | 81.4 | 18.6 |
| 水的生产和供应业 | 14840 | 3456 | 76.7 | 23.3 |

## 表7.7 2023年高等学校R&D人员及性别构成

| 组别 | R&D人员（人） | #女 | 性别构成(%) | |
|---|---|---|---|---|
| | | | 男 | 女 |
| **合计** | **1855250** | **679759** | **63.4** | **36.6** |
| **按地区分** | | | | |
| 东部地区 | 918634 | 325791 | 64.5 | 35.5 |
| 中部地区 | 355101 | 136705 | 61.5 | 38.5 |
| 西部地区 | 411587 | 154666 | 62.4 | 37.6 |
| 东北地区 | 169928 | 62597 | 63.2 | 36.8 |
| **按学科类别分** | | | | |
| 理工农医类 | 1025192 | 257642 | 74.9 | 25.1 |
| 人文社科类 | 830058 | 422117 | 49.1 | 50.9 |

资料来源：国家统计局，《中国科技统计年鉴2024》。

## 表7.8 科协有关人员人数及性别构成

| 年份 | 各级科协从业人员（万人） | #女 | 性别构成(%) | |
|---|---|---|---|---|
| | | | 男 | 女 |
| 2011 | 3.9 | 1.4 | 64.1 | 35.9 |
| 2012 | 3.9 | 1.5 | 61.5 | 38.5 |
| 2013 | 3.9 | 1.5 | 61.5 | 38.5 |
| 2014 | 3.9 | 1.5 | 60.5 | 39.5 |
| 2015 | 3.9 | 1.6 | 59.4 | 40.6 |
| 2016 | 3.9 | 1.6 | 58.3 | 41.7 |
| 2017 | 4.0 | 1.7 | 57.2 | 42.8 |
| 2018 | 4.0 | 1.7 | 56.5 | 43.5 |
| 2019 | 3.4 | 1.6 | 53.3 | 46.7 |
| 2020 | 3.7 | 1.6 | 56.9 | 43.1 |
| 2021 | 4.1 | 1.8 | 56.2 | 43.8 |
| 2022 | 4.8 | 2.1 | 55.5 | 44.5 |

资料来源：中国科协。

## 表7.8 续表1

| 年 份 | 全国学会理事会理事（人） | #女 | 性别构成(%) | |
|---|---|---|---|---|
| | | | 男 | 女 |
| 2011 | 31680 | 3739 | 88.2 | 11.8 |
| 2012 | 32791 | 4085 | 87.5 | 12.5 |
| 2013 | 33553 | 4268 | 87.3 | 12.7 |
| 2014 | 34146 | 4329 | 87.3 | 12.7 |
| 2015 | 34453 | 4626 | 86.6 | 13.4 |
| 2016 | 34702 | 4753 | 86.3 | 13.7 |
| 2017 | 34707 | 4915 | 85.8 | 14.2 |
| 2018 | 35498 | 4968 | 86.0 | 14.0 |
| 2019 | 36501 | 5234 | 85.7 | 14.3 |
| 2020 | 29997 | 4621 | 84.6 | 15.4 |
| 2021 | 30095 | 4763 | 84.2 | 15.8 |
| 2022 | 31311 | 4905 | 84.3 | 15.7 |

## 表7.8 续表2

| 年 份 | 全国学会在册个人会员数（万人） | #女 | 性别构成(%) | |
|---|---|---|---|---|
| | | | 男 | 女 |
| 2011 | 427.8 | 95.5 | 77.7 | 22.3 |
| 2012 | 433.0 | 96.4 | 77.7 | 22.3 |
| 2013 | 437.0 | 98.4 | 77.5 | 22.5 |
| 2014 | 436.9 | 101.8 | 76.7 | 23.3 |
| 2015 | 491.6 | 103.7 | 78.9 | 21.1 |
| 2016 | 462.8 | 109.2 | 76.4 | 23.6 |
| 2017 | 453.7 | 111.0 | 75.5 | 24.5 |
| 2018 | 479.5 | 119.1 | 75.2 | 24.8 |
| 2019 | 523.1 | 161.3 | 69.2 | 30.8 |
| 2020 | 557.9 | 178.9 | 67.9 | 32.1 |
| 2021 | 621.5 | 184.8 | 70.3 | 29.7 |
| 2022 | 636.3 | 217.6 | 65.8 | 34.2 |

## 表7.9　受表彰奖励科技人员及性别构成

| 年 份 | 受表彰奖励人员（人） | #女 | 性别构成(%) | |
|---|---|---|---|---|
| | | | 男 | 女 |
| 2011 | 117407 | 32167 | 72.6 | 27.4 |
| 2012 | 126152 | 36220 | 71.3 | 28.7 |
| 2013 | 125721 | 37306 | 70.3 | 29.7 |
| 2014 | 108211 | 33732 | 68.8 | 31.2 |
| 2015 | 126191 | 36638 | 71.0 | 29.0 |
| 2016 | 135262 | 40435 | 70.1 | 29.9 |
| 2017 | 115766 | 33638 | 70.9 | 29.1 |
| 2018 | 101463 | 30203 | 70.2 | 29.8 |
| 2019 | 91579 | 25070 | 72.6 | 27.4 |
| 2020 | 147265 | 40131 | 72.7 | 27.3 |
| 2021 | 159636 | 42048 | 73.7 | 26.3 |
| 2022 | 178965 | 44884 | 74.9 | 25.1 |

资料来源：中国科协。

## 表7.10　青少年科技教育普及情况

| 项 目 | 单位 | 2021年 | 2022年 |
|---|---|---|---|
| 举办青少年科技竞赛 | 次 | 6136 | 7886 |
| 参赛人次[1] | 万人次 | 2916 | 3788 |
| 举办青少年科技教育活动和培训 | 次 | 40845 | 48446 |
| 参加人次 | 万人次 | 6747 | 7460 |
| 举办青少年高校科学营 | 次 | 781 | 881 |
| 参加人数 | 万人 | 10 | 10 |

资料来源：中国科协。
注1：不完全统计数。

# 八、体 育

## 表8.1 2023年分技术等级在编专职教练员人数及性别构成

| 等级 | 人数(人) | #女 | 性别构成(%) 男 | 女 |
| --- | --- | --- | --- | --- |
| **合计** | **24932** | **7377** | **70.4** | **29.6** |
| 国家级 | 809 | 207 | 74.4 | 25.6 |
| 高级 | 5349 | 1547 | 71.1 | 28.9 |
| 中级 | 8752 | 2622 | 70.0 | 30.0 |
| 初级 | 7644 | 2343 | 69.3 | 30.7 |
| 无等级 | 2378 | 658 | 72.3 | 27.7 |

资料来源：国家体育总局。

## 表8.2 2023年分技术等级运动员发展人数及性别构成

| 技术等级 | 人数(人) | #女 | 性别构成(%) 男 | 女 |
| --- | --- | --- | --- | --- |
| **合计** | **91561** | **36233** | **60.4** | **39.6** |
| #国际级运动健将 | 1047 | 589 | 43.7 | 56.3 |
| #运动健将 | 6471 | 2872 | 55.6 | 44.4 |
| #一级运动员 | 9301 | 4082 | 56.1 | 43.9 |
| #二级运动员 | 11157 | 4432 | 60.3 | 39.7 |

资料来源：国家体育总局。

## 表8.3 2020东京奥运会中国运动员获奖牌情况

| 项 目 | 奖牌总数（枚） | 金牌 | 银牌 | 铜牌 |
| --- | --- | --- | --- | --- |
| **合 计** | **88** | **38** | **32** | **18** |
| 男子 | 35 | 13 | 13 | 9 |
| 女子 | 47 | 22 | 16 | 9 |
| 混双 | 6 | 3 | 3 | |

资料来源：国家体育总局。
注：本表为第32届夏季奥运会数据。下同。

## 表8.4 2020东京奥运会中国运动员获奖牌人数

| 项 目 | 获奖牌人数（人次） | 金牌 | 银牌 | 铜牌 |
| --- | --- | --- | --- | --- |
| **合 计** | **137** | **56** | **49** | **32** |
| 男 | 52 | 19 | 20 | 13 |
| 女 | 85 | 37 | 29 | 19 |

资料来源：国家体育总局。

## 表8.5 中国参加历届奥运会获金牌数(夏奥会)

| 届别及举办年份 | 举办地 | 获金牌数(枚) | 男 | 女 | 混双 |
|---|---|---|---|---|---|
| 第二十三届(1984) | 美国洛杉矶 | 15 | 10 | 5 | |
| 第二十四届(1988) | 南朝鲜汉城 | 5 | 2 | 3 | |
| 第二十五届(1992) | 西班牙巴塞罗那 | 16 | 4 | 12 | |
| 第二十六届(1996) | 美国亚特兰大 | 16 | 7 | 9 | |
| 第二十七届(2000) | 澳大利亚悉尼 | 28 | 11 | 16 | 1 |
| 第二十八届(2004) | 希腊雅典 | 32 | 12 | 19 | 1 |
| 第二十九届(2008) | 中国北京 | 51 | 24 | 27 | |
| 第三十届 (2012) | 英国伦敦 | 38 | 17 | 20 | 1 |
| 第三十一届(2016) | 巴西里约热内卢 | 26 | 12 | 14 | |
| 第三十二届(2021) | 日本东京 | 38 | 13 | 22 | 3 |

资料来源:国家体育总局。

## 表8.6 中国参加历届奥运会获金牌人数(夏奥会)

| 届别及举办年份 | 举办地 | 获金牌人数(人次) | 男 | 女 |
|---|---|---|---|---|
| 第二十三届(1984) | 美国洛杉矶 | 26 | 10 | 16 |
| 第二十四届(1988) | 南朝鲜汉城 | 6 | 3 | 3 |
| 第二十五届(1992) | 西班牙巴塞罗那 | 18 | 5 | 13 |
| 第二十六届(1996) | 美国亚特兰大 | 19 | 8 | 11 |
| 第二十七届(2000) | 澳大利亚悉尼 | 39 | 19 | 20 |
| 第二十八届(2004) | 希腊雅典 | 52 | 16 | 36 |
| 第二十九届(2008) | 中国北京 | 74 | 34 | 40 |
| 第三十届 (2012) | 英国伦敦 | 56 | 27 | 29 |
| 第三十一届(2016) | 巴西里约热内卢 | 46 | 16 | 30 |
| 第三十二届(2021) | 日本东京 | 56 | 19 | 37 |

资料来源:国家体育总局。

## 表8.7 2023年中国运动员获世界冠军人数及性别构成

| 序号 | 大项 | 获冠军(个) | 人数(人次) | #女 | 性别构成(%) | |
|---|---|---|---|---|---|---|
| | | | | | 男 | 女 |
| | **合计** | **165** | **362** | **188** | **48.1** | **51.9** |
| 1 | 滑冰 | 1 | 5 | | 100.0 | |
| 2 | 滑雪 | 2 | 2 | 2 | | 100.0 |
| 3 | 射击 | 17 | 32 | 13 | 59.4 | 40.6 |
| 4 | 皮划艇 | 3 | 8 | 8 | | 100.0 |
| 5 | 潜水 | 24 | 33 | 16 | 51.5 | 48.5 |
| 6 | 举重 | 20 | 20 | 12 | 40.0 | 60.0 |
| 7 | 摔跤 | 1 | 1 | 1 | | 100.0 |
| 8 | 拳击 | 3 | 3 | 3 | | 100.0 |
| 9 | 跆拳道 | 1 | 6 | 3 | 50.0 | 50.0 |
| 10 | 空手道 | 1 | 1 | 1 | | 100.0 |
| 11 | 游泳 | 29 | 70 | 45 | 35.7 | 64.3 |
| 12 | 体操 | 5 | 13 | 11 | 15.4 | 84.6 |
| 13 | 乒乓球 | 6 | 16 | 8 | 50.0 | 50.0 |
| 14 | 羽毛球 | 2 | 18 | 10 | 44.4 | 55.6 |
| 15 | 跳伞 | 4 | 8 | 7 | 12.5 | 87.5 |
| 16 | 航海模型 | 9 | 10 | 1 | 90.0 | 10.0 |
| 17 | 航空模型 | 2 | 4 | | 100.0 | |
| 18 | 滑翔 | 2 | 2 | | 100.0 | |
| 19 | 围棋 | 2 | 2 | | 100.0 | |
| 20 | 象棋 | 3 | 4 | 3 | 25.0 | 75.0 |
| 21 | 国际象棋 | 2 | 2 | 1 | 50.0 | 50.0 |
| 22 | 五子棋 | 2 | 2 | 1 | 50.0 | 50.0 |
| 23 | 武术 | 15 | 15 | 7 | 53.3 | 46.7 |
| 24 | 轮滑 | 3 | 4 | 3 | 25.0 | 75.0 |
| 25 | 龙舟 | 4 | 79 | 32 | 59.5 | 40.5 |
| 26 | 健美 | 2 | 2 | | 100.0 | |

资料来源:国家体育总局。

## 表8.8 2023年中国运动员创世界纪录人数及性别构成

| 大项 | 创世界记录(项) | 人数(人次) | #女 | 性别构成(%) | |
|---|---|---|---|---|---|
| | | | | 男 | 女 |
| **合 计** | **20** | **35** | **16** | **54.3** | **45.7** |
| 射击 | 9 | 18 | 4 | 78 | 22 |
| 举重 | 8 | 10 | 7 | 30 | 70 |
| 游泳 | 1 | 1 | | 100 | |
| 跳伞 | 2 | 6 | 5 | 17 | 83 |

资料来源:国家体育总局。

## 表8.9 2023年全国体育场地统计主要数据

| 指 标 | 单位 | 数量 | 比上年增长(%) |
|---|---|---|---|
| **综合指标** | | | |
| 体育场地数量 | 万个 | 459.27 | 8.66 |
| 体育场地面积 | 亿平方米 | 40.71 | 9.97 |
| 人均场地面积 | 平方米 | 2.89 | 10.31 |
| **基础大项场地** | | | |
| 田径场地 | 万个 | 20.76 | |
| #设有400米环形跑道 | 万个 | 3.84 | |
| 游泳场地 | 万个 | 4.02 | |
| 室外游泳池 | 万个 | 2.15 | |
| 室内游泳馆 | 万个 | 1.79 | |
| 天然游泳场 | 个 | 864 | |
| **冰雪运动场地** | | | |
| 冰雪运动场地 | 个 | 2847 | |
| 滑冰场地 | 个 | 1912 | |
| 滑雪场地 | 个 | 935 | |
| **体育健身场地** | | | |
| 全民健身路径 | 万个 | 105.22 | |
| 健身房 | 万个 | 15.55 | |
| 健身步道 | 万个 | 15.28 | |
| 健身步道长度 | 万公里 | 37.10 | |

资料来源：国家体育总局，2023年全国体育场地统计调查数据。

表8.9 续表

| 指 标 | 单位 | 数量 |
| --- | --- | --- |
| **球类运动场地** | | |
| 足球场地 | 万个 | 14.87 |
| #十一人制 | 万个 | 3.50 |
| 篮球场地 | 万个 | 117.64 |
| 室外篮球场 | 万个 | 106.12 |
| 室外三人篮球场 | 万个 | 7.66 |
| 室内篮球馆 | 万个 | 3.86 |
| 排球场地 | 万个 | 11.04 |
| 室外排球场 | 万个 | 10.60 |
| 室内排球馆 | 万个 | 0.44 |
| 乒乓球场地 | 万个 | 101.49 |
| 室外乒乓球场 | 万个 | 90.00 |
| 室内乒乓球馆 | 万个 | 11.49 |
| 羽毛球场地 | 万个 | 27.79 |
| 室外羽毛球场 | 万个 | 23.95 |
| 室内羽毛球馆 | 万个 | 3.84 |

## 表8.10 体育系统少儿体育运动学校数(业余体校)

单位：个

| 年 份 | 合 计 | 省级 | 地级 | 县级 |
|---|---|---|---|---|
| 2011 | 1552 | 21 | 393 | 1138 |
| 2012 | 1510 | 22 | 384 | 1104 |
| 2013 | 1460 | 21 | 310 | 1129 |
| 2014 | 1463 | 26 | 312 | 1125 |
| 2015 | 1435 | 19 | 310 | 1106 |
| 2016 | 1428 | 15 | 309 | 1104 |
| 2017 | 1435 | 20 | 319 | 1095 |
| 2018 | 1403 | 6 | 325 | 1072 |
| 2019 | 1348 | 6 | 314 | 1028 |
| 2020 | 1313 | 6 | 298 | 1009 |
| 2021 | 1238 | 4 | 287 | 947 |
| 2022 | 1201 | 4 | 282 | 915 |
| 2023 | 1050 | 1 | 183 | 866 |

资料来源：国家体育总局。

## 表8.11 体育系统体育场馆数

单位：个

| 年 份 | 合 计 | 国家级 | 省级 | 地级 | 县级 |
|---|---|---|---|---|---|
| 2011 | 699 | 1 | 52 | 437 | 209 |
| 2012 | 688 | 1 | 50 | 434 | 203 |
| 2013 | 676 | 1 | 57 | 387 | 231 |
| 2014 | 683 | 1 | 62 | 371 | 249 |
| 2015 | 689 | 1 | 57 | 377 | 254 |
| 2016 | 694 | 1 | 61 | 382 | 250 |
| 2017 | 683 | 1 | 62 | 381 | 239 |
| 2018 | 661 | 1 | 58 | 373 | 229 |
| 2019 | 637 | 1 | 54 | 360 | 222 |
| 2020 | 593 | 1 | 47 | 333 | 212 |
| 2021 | 528 | 1 | 42 | 295 | 190 |
| 2022 | 509 | 1 | 38 | 290 | 180 |
| 2023 | 492 | | 37 | 216 | 239 |

资料来源：国家体育总局。

# 九、法律保护

## 表9.1 全国法官及高级法官性别构成

单位：%

| 年份 | 法官 | | 高级法官 | |
|---|---|---|---|---|
| | 男 | 女 | 男 | 女 |
| 2011 | 73.5 | 26.5 | 67.2 | 32.8 |
| 2012 | 72.4 | 27.6 | 66.4 | 33.6 |
| 2013 | 71.2 | 28.8 | 65.5 | 34.5 |
| 2014 | 69.5 | 30.5 | 64.9 | 35.1 |
| 2015 | 68.6 | 31.4 | 63.5 | 36.5 |
| 2016 | 66.2 | 33.8 | 62.1 | 37.9 |
| 2017 | 67.3 | 32.7 | 63.2 | 36.8 |
| 2018 | 66.3 | 33.7 | 62.4 | 37.6 |
| 2019 | 65.3 | 34.7 | 63.0 | 37.0 |
| 2020 | 64.5 | 35.5 | 59.9 | 40.1 |
| 2021 | 63.3 | 36.7 | 59.2 | 40.8 |
| 2022 | 61.7 | 38.3 | 56.3 | 43.7 |
| 2023 | 59.8 | 40.2 | 57.3 | 42.7 |

资料来源：最高人民法院。

## 表9.2 全国陪审员人数及性别构成

| 年份 | 人数（人） | #女 | 性别构成(%) | |
|---|---|---|---|---|
| | | | 男 | 女 |
| 2012 | 83000 | 29000 | 65.1 | 34.9 |
| 2013 | 127096 | 43522 | 65.8 | 34.2 |
| 2014 | 209548 | 74667 | 64.4 | 35.6 |
| 2015 | 220093 | 79535 | 63.9 | 36.1 |
| 2016 | 222156 | 80467 | 63.8 | 36.2 |
| 2017 | 212466 | 87182 | 59.0 | 41.0 |
| 2018 | 250629 | 102936 | 58.9 | 41.1 |
| 2019 | 335999 | 139107 | 58.6 | 41.4 |
| 2020 | 316112 | 144583 | 54.3 | 45.7 |
| 2021 | 332346 | 153049 | 53.9 | 46.1 |
| 2022 | 327299 | 151930 | 53.6 | 46.4 |
| 2023 | 323628 | 151932 | 53.1 | 46.9 |

资料来源：最高人民法院。

## 表9.3 人民检察院检察官人数及性别构成

| 年份 | 人数（万人） | #女 | 性别构成(%) 男 | 性别构成(%) 女 |
|---|---|---|---|---|
| 2021 | 6.9 | 2.7 | 60.7 | 39.3 |
| 2022 | 7.0 | 2.9 | 58.3 | 41.7 |
| 2023 | 6.7 | 2.9 | 57.3 | 42.7 |

资料来源：最高人民检察院。

## 表9.4 全国律师人数及性别构成

| 年份 | 人数（万人） | #女 | 性别构成(%) 男 | 性别构成(%) 女 |
|---|---|---|---|---|
| 2010 | 19.5 | 4.7 | 75.9 | 24.1 |
| 2011 | 21.5 | 5.2 | 75.8 | 24.2 |
| 2012 | 23.2 | 6.2 | 73.3 | 26.7 |
| 2013 | 24.9 | 6.9 | 72.3 | 27.7 |
| 2014 | 27.1 | 7.9 | 70.8 | 29.2 |
| 2015 | 29.7 | 9.1 | 69.4 | 30.6 |
| 2016 | 32.6 | 10.6 | 67.5 | 32.5 |
| 2017 | 35.7 | 11.9 | 66.7 | 33.3 |
| 2018 | 42.4 | 15.3 | 63.9 | 36.1 |
| 2019 | 47.3 | 17.6 | 62.8 | 37.2 |
| 2020 | 52.3 | 20.0 | 61.7 | 38.3 |
| 2021 | 57.4 | 20.9 | 63.6 | 36.4 |
| 2022 | 65.0 | 25.0 | 61.6 | 38.4 |
| 2023 | 73.2 | 30.6 | 58.2 | 41.8 |

资料来源：司法部。

## 表9.5　全国公证员人数及性别构成

| 年份 | 人数（人） | #女 | 性别构成(%) | |
|---|---|---|---|---|
| | | | 男 | 女 |
| 2017 | 13231 | 6500 | 50.9 | 49.1 |
| 2018 | 13335 | 6612 | 50.4 | 49.6 |
| 2019 | 13428 | 6757 | 49.7 | 50.3 |
| 2020 | 13620 | 7163 | 47.4 | 52.6 |
| 2021 | 14600 | 7802 | 46.6 | 53.4 |
| 2022 | 14869 | 8271 | 44.4 | 55.6 |
| 2023 | 15292 | 8624 | 43.6 | 56.4 |

资料来源：司法部。

## 表9.6　公安机关破获各种侵害妇女儿童案件数

单位：起

| 年份 | 破获强奸案件数 | 破获拐卖妇女案件数 | 破获拐卖儿童案件数 | 破获组织、强迫、引诱、容留、介绍妇女卖淫案件数 |
|---|---|---|---|---|
| 2010 | 25952 | 2439 | 1895 | 13280 |
| 2011 | 25699 | 2757 | 2077 | 12272 |
| 2012 | 26560 | 4598 | 3152 | 11616 |
| 2013 | 25852 | 4537 | 2237 | 11997 |
| 2014 | 25326 | 1775 | 1460 | 12498 |
| 2015 | 22431 | 637 | 756 | 10180 |
| 2016 | 21091 | 493 | 618 | 10549 |
| 2017 | 21604 | 661 | 546 | 11162 |
| 2018 | 23724 | 434 | 606 | 14797 |
| 2019 | 27657 | 320 | 413 | 16950 |
| 2020 | 28738 | 230 | 334 | 14746 |
| 2021 | 34983 | 251 | 348 | 14542 |
| 2022 | 36845 | 970 | 824 | 16708 |
| 2023 | 36734 | 228 | 436 | 19002 |

资料来源：公安部。

## 图 9.1　2019—2023 年公安机关解救被拐卖妇女儿童数

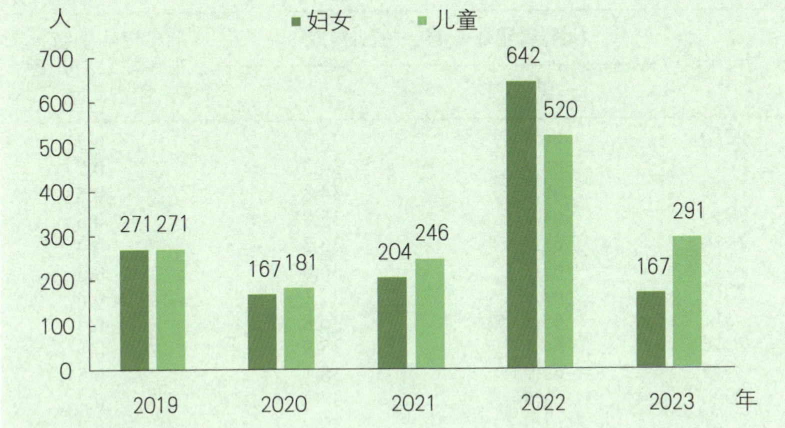


资料来源：公安部。

## 表9.7　强奸案件、拐卖妇女儿童案件立案数

| 年 份 | 强奸案件 | | 拐卖妇女儿童案件 | |
|---|---|---|---|---|
| | 立案数（起） | 占刑事案件比重（%） | 立案数（起） | 占刑事案件比重（%） |
| 2010 | 33696 | 0.56 | 10082 | 0.17 |
| 2011 | 33336 | 0.56 | 13964 | 0.23 |
| 2012 | 33835 | 0.52 | 18532 | 0.28 |
| 2013 | 34102 | 0.52 | 20735 | 0.31 |
| 2014 | 33417 | 0.51 | 16483 | 0.25 |
| 2015 | 29948 | 0.42 | 9150 | 0.13 |
| 2016 | 27767 | 0.43 | 7121 | 0.11 |
| 2017 | 27664 | 0.50 | 6668 | 0.12 |
| 2018 | 29807 | 0.59 | 5397 | 0.11 |
| 2019 | 33827 | 0.70 | 4571 | 0.10 |
| 2020 | 33579 | 0.70 | 3035 | 0.06 |
| 2021 | 39577 | 0.79 | 2860 | 0.06 |
| 2022 | 39693 | 0.90 | 2887 | 0.07 |
| 2023 | 42458 | 0.94 | 1705 | 0.04 |

资料来源：公安部。

## 表9.8 刑事犯罪受害人性别构成及14岁以下儿童所占比重

单位：%

| 年 份 | 刑事犯罪受害人性别构成 | | 刑事犯罪受害人中14岁以下儿童所占比重 |
|---|---|---|---|
| | 男 | 女 | |
| 2010 | 66.7 | 33.3 | 0.7 |
| 2011 | 65.7 | 34.3 | 0.7 |
| 2012 | 65.2 | 34.8 | 0.5 |
| 2013 | 64.2 | 35.8 | 0.5 |
| 2014 | 63.7 | 36.3 | 0.4 |
| 2015 | 63.2 | 36.8 | 0.3 |
| 2016 | 62.9 | 37.1 | 0.3 |
| 2017 | 63.2 | 36.8 | 0.4 |
| 2018 | 64.1 | 35.9 | 0.5 |
| 2019 | 61.9 | 38.1 | 0.5 |
| 2020 | 61.6 | 38.4 | 0.7 |
| 2021 | 61.0 | 39.0 | 0.8 |
| 2022 | 62.3 | 37.7 | 1.1 |
| 2023 | 61.4 | 38.6 | 1.4 |

资料来源：公安部。

## 图 9.2 青少年作案成员占全部作案人员的比重（14—25 岁）

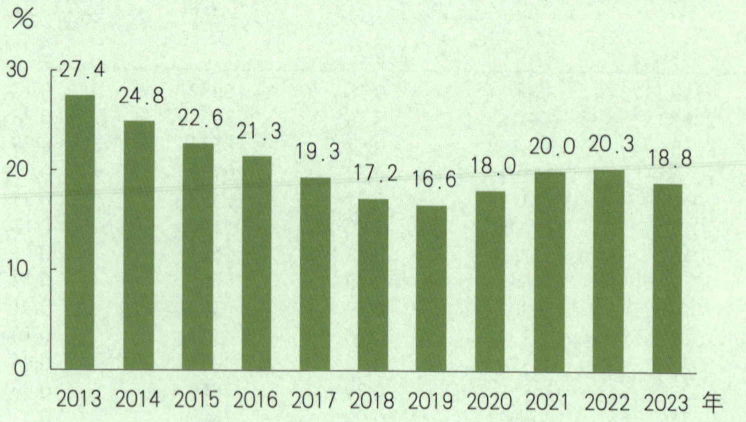


资料来源：公安部。

## 表9.9 人民检察院批准逮捕刑事犯罪嫌疑人人数及性别构成

| 年 份 | 人 数（人） | #女 | 性别构成(%) 男 | 女 |
|---|---|---|---|---|
| 2015 | 873111 | 70534 | 91.9 | 8.1 |
| 2016 | 828618 | 64244 | 92.2 | 7.8 |
| 2017 | 1069736 | 91772 | 91.4 | 8.6 |
| 2018 | 1051101 | 97793 | 90.7 | 9.3 |
| 2019 | 1088490 | 111181 | 89.8 | 10.2 |
| 2020 | 770561 | 74703 | 90.3 | 9.7 |
| 2021 | 868445 | 82418 | 90.5 | 9.5 |
| 2022 | 493770 | 41205 | 91.7 | 8.3 |
| 2023 | 726210 | 31191 | 95.7 | 4.3 |

资料来源：最高人民检察院。

## 表9.10 人民检察院办理涉未成年犯罪嫌疑人、被告人人数

单位：人

| 年 份 | 批准逮捕侵害未成年人犯罪嫌疑人 | #侵害农村留守儿童犯罪嫌疑人 | 决定起诉侵害未成年人犯罪被告人 | #侵害农村留守儿童犯罪被告人 |
|---|---|---|---|---|
| 2018 | 40005 | 2259 | 50705 | 2808 |
| 2019 | 47563 | 2072 | 62948 | 2591 |
| 2020 | 38854 | 1845 | 57295 | 2521 |
| 2021 | 45827 | 2052 | 60561 | 2599 |
| 2022 | 39382 | 2075 | 58422 | 2777 |
| 2023 | 53286 | 197 | 67103 | 294 |

资料来源：最高人民检察院。

## 表9.11 2020—2023年人民检察院提起公诉刑事犯罪被告人数及性别构成

| 年 份 | 人 数（人） | #女 | 性别构成(%) 男 | 性别构成(%) 女 |
|---|---|---|---|---|
| 2020 | 1572971 | 167067 | 89.4 | 10.6 |
| 2021 | 1748962 | 185678 | 89.4 | 10.6 |
| 2022 | 1438918 | 147925 | 89.7 | 10.3 |
| 2023 | 1687689 | 176276 | 89.6 | 10.4 |

资料来源：最高人民检察院。

## 表9.12 少年法庭数及各级人民法院判决生效的刑事案件中青少年罪犯所占比重

单位：%

| 年 份 | 少年法庭数（个） | 青少年罪犯占刑事罪犯比重 | 不满18岁 | 18—不满25岁 |
|---|---|---|---|---|
| 2010 | 2219 | 28.6 | 6.8 | 21.8 |
| 2011 | 2331 | 26.9 | 6.4 | 20.5 |
| 2012 | 2331 | 24.1 | 5.4 | 18.7 |
| 2013 | 2253 | 22.9 | 4.8 | 18.1 |
| 2014 | 2253 | 21.1 | 4.3 | 16.8 |
| 2015 | 2253 | 19.2 | 3.6 | 15.6 |
| 2016 | 2253 | 16.8 | 2.9 | 13.9 |
| 2017 | 2253 | 14.5 | 2.6 | 11.9 |
| 2018 | 1691 | 17.0 | 2.4 | 14.6 |
| 2019 | 368 | 17.0 | 2.6 | 14.4 |
| 2020 | 368 | 16.1 | 2.2 | 13.8 |
| 2021 | 2181 | 16.5 | 2.0 | 14.5 |
| 2022 | 2181 | 17.3 | 1.9 | 15.4 |
| 2023 | 2181 | 17.2 | 2.2 | 15.0 |

资料来源：最高人民法院。

注：少年法庭数量为不定期统计，2018—2020年因机构整合数量减少。2021年及之后包括加挂少年法庭牌子的派出法庭。

## 图 9.3　各级人民法院判决生效的刑事案件中女性罪犯所占比重

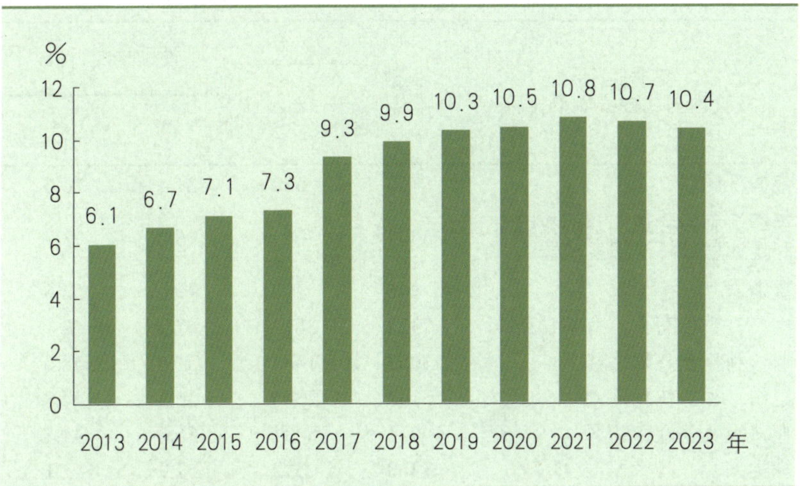


资料来源：最高人民法院。

## 表9.13　2023年人民法院审理未成年人刑事案件人数及性别构成

| 犯罪类别 | 人 数（人） | #女 | 性别构成(%) | |
|---|---|---|---|---|
| | | | 男 | 女 |
| **合 计** | **36037** | **2845** | **92.1** | **7.9** |
| 危害公共安全罪 | 1118 | 26 | 97.7 | 2.3 |
| 破坏社会主义市场经济秩序罪 | 219 | 46 | 79.0 | 21.0 |
| 侵犯公民人身权利民主权利罪 | 10430 | 804 | 92.3 | 7.7 |
| 侵犯财产罪 | 14237 | 877 | 93.8 | 6.2 |
| 妨害社会管理秩序罪 | 10025 | 1091 | 89.1 | 10.9 |
| 贪污贿赂罪 | 2 | | 100.0 | |
| 其他 | 6 | 1 | 83.3 | 16.7 |

资料来源：最高人民法院。
注：本表未成年指作案时不满18岁。

## 表9.14　2023年全国法院判处女性犯罪人数及性别构成

| 犯罪类别<br>（按女性占比由高到低排列） | 人数<br>（人） | #女 | 性别构成（%） | |
|---|---|---|---|---|
| | | | 男 | 女 |
| 传播性病罪 | 760 | 582 | 23.4 | 76.6 |
| 组织、利用会道门、邪教组织、利用迷信破坏法律实施罪 | 5002 | 3693 | 26.2 | 73.8 |
| 重婚罪 | 946 | 498 | 47.4 | 52.6 |
| 生产、销售有毒、有害食品罪 | 7322 | 3812 | 47.9 | 52.1 |
| 非法利用信息网络罪 | 3057 | 1481 | 51.6 | 48.4 |
| 组织、领导传销活动罪 | 5142 | 2305 | 55.2 | 44.8 |
| 非法吸收公众存款罪 | 19911 | 8831 | 55.6 | 44.4 |
| 拐卖妇女、儿童罪 | 1360 | 572 | 57.9 | 42.1 |
| 生产、销售、提供假药罪 | 2733 | 1093 | 60.0 | 40.0 |
| 妨害药品管理罪 | 1323 | 490 | 63.0 | 37.0 |
| 制作、复制、出版、贩卖、传播淫秽物品牟利罪 | 4433 | 1563 | 64.7 | 35.3 |
| 引诱、容留、介绍卖淫罪 | 24298 | 8103 | 66.7 | 33.3 |
| 协助组织卖淫罪 | 7137 | 1817 | 74.5 | 25.5 |
| 组织卖淫罪 | 8610 | 1954 | 77.3 | 22.7 |
| 集资诈骗罪 | 2183 | 495 | 77.3 | 22.7 |
| 妨害国境卫生检疫罪 | 7168 | 1608 | 77.6 | 22.4 |
| 赌博罪 | 18929 | 4135 | 78.2 | 21.8 |
| 侵犯公民个人信息罪 | 8816 | 1871 | 78.8 | 21.2 |
| 销售假冒注册商标的商品罪 | 5897 | 1245 | 78.9 | 21.1 |
| 失火罪 | 1985 | 417 | 79.0 | 21.0 |
| 诈骗罪 | 109984 | 22126 | 79.9 | 20.1 |
| 伪造、变造、买卖国家机关公文、证件、印章罪 | 5998 | 1201 | 80.0 | 20.0 |
| 开设赌场罪 | 69987 | 13813 | 80.3 | 19.7 |
| 袭警罪 | 5372 | 986 | 81.6 | 18.4 |
| 假冒注册商标罪 | 5186 | 940 | 81.9 | 18.1 |
| 拒不执行判决、裁定罪 | 4246 | 765 | 82.0 | 18.0 |

资料来源：最高人民法院。

## 表9.14 续表

| 犯罪类别<br>(按女性占比由高到低排列) | 人数<br>(人) | #女 | 性别构成(%) | |
|---|---|---|---|---|
| | | | 男 | 女 |
| 虚开增值税专用发票、用于骗取出口退税、抵扣税款发票罪 | 6190 | 1069 | 82.7 | 17.3 |
| 职务侵占罪 | 6402 | 1047 | 83.6 | 16.4 |
| 走私普通货物、物品罪 | 3529 | 542 | 84.6 | 15.4 |
| 非法经营罪 | 16544 | 2473 | 85.1 | 14.9 |
| 妨害公务罪 | 4250 | 596 | 86.0 | 14.0 |
| 贪污罪 | 3898 | 536 | 86.2 | 13.8 |
| 生产、销售伪劣产品罪 | 4870 | 660 | 86.4 | 13.6 |
| 走私、贩卖、运输、制造毒品罪 | 41546 | 5252 | 87.4 | 12.6 |
| 偷越国(边)境罪 | 21995 | 2622 | 88.1 | 11.9 |
| 故意杀人罪 | 8050 | 852 | 89.4 | 10.6 |
| 合同诈骗罪 | 8088 | 845 | 89.6 | 10.4 |
| 容留他人吸毒罪 | 5382 | 521 | 90.3 | 9.7 |
| 帮助信息网络犯罪活动罪 | 147124 | 13717 | 90.7 | 9.3 |
| 敲诈勒索罪 | 9286 | 859 | 90.7 | 9.3 |
| 掩饰、隐瞒犯罪所得、犯罪所得收益罪 | 130684 | 9628 | 92.6 | 7.4 |
| 受贿罪 | 7953 | 562 | 92.9 | 7.1 |
| 交通肇事罪 | 44490 | 3136 | 93.0 | 7.0 |
| 故意伤害罪 | 58334 | 3914 | 93.3 | 6.7 |
| 寻衅滋事罪 | 36593 | 2174 | 94.1 | 5.9 |
| 抢劫罪 | 12623 | 710 | 94.4 | 5.6 |
| 盗窃罪 | 186498 | 9935 | 94.7 | 5.3 |
| 危险驾驶罪 | 320295 | 9660 | 97.0 | 3.0 |
| 强奸罪 | 38686 | 554 | 98.6 | 1.4 |

## 表9.15 法律援助机构数及获得法律援助的受援人数

| 年 份 | 法律援助机构数（个） | 受援人数（万人次） | #女 | #未成年人 |
|---|---|---|---|---|
| 2010 | 3592 | 82.1 | 19.6 | 8.8 |
| 2011 | 3672 | 94.7 | 22.3 | 8.9 |
| 2012 | 3693 | 114.6 | 27.3 | 9.8 |
| 2013 | 3680 | 127.9 | 31.8 | 15.4 |
| 2014 | 3737 | 138.8 | 35.2 | 15.5 |
| 2015 | 3739 | 146.9 | 35.9 | 14.6 |
| 2016 | 3758 | 143.3 | 36.7 | 13.6 |
| 2017 | 4292 | 139.5 | 36.1 | 14.5 |
| 2018 | 3389 | 151.9 | 36.1 | 13.6 |
| 2019 | 2828 | 198.9 | 35.2 | 13.8 |
| 2020 | 2651 | 216.2 | 34.1 | 12.0 |
| 2021 | 2629 | 166.8 | 32.9 | 14.8 |
| 2022 | 3019 | 241.8 | 31.8 | 15.6 |
| 2023 | 3066 | 289.7 | 36.5 | 19.8 |

资料来源：司法部。
注：获得法律援助的女性指14周岁及以上的女性。下同。

## 图 9.4 县级以上妇联组织受理妇女儿童投诉件次数

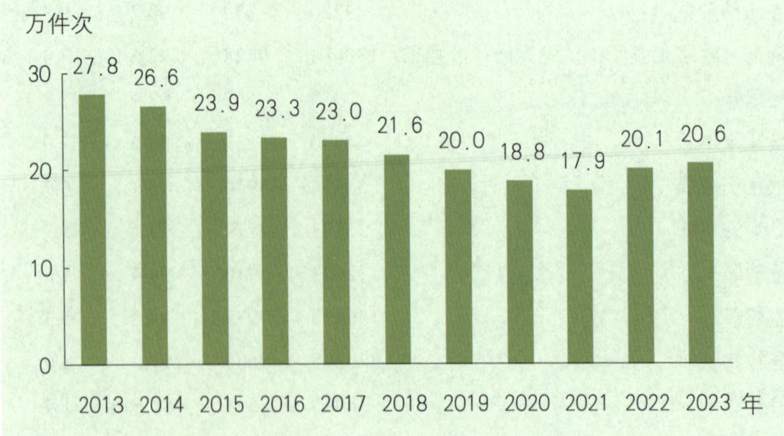


资料来源：全国妇联。

# 十、生活和社会环境

## 表10.1 森林资源情况

| | 单位 | 2000年 | 2005年 | 2017年 | 2018年 |
|---|---|---|---|---|---|
| 森林面积 | 万公顷 | 15894.09 | 19545.22 | 20768.73 | 22044.62 |
| #人工林 | 万公顷 | 4708.95 | 6168.84 | 6933.38 | 8003.10 |
| 森林蓄积量 | 亿立方米 | 112.67 | 137.21 | 151.37 | 175.60 |
| 森林覆盖率 | % | 16.55 | 20.36 | 21.63 | 22.96 |

资料来源：国家统计局，历年中国统计年鉴。
注：2000年数据为第六次全国森林资源清查（1999—2003）结果。
2005年数据为第七次全国森林资源清查（2004—2008）结果。
2017年数据为第八次全国森林资源清查（2009—2013）结果。
2018年数据为第九次全国森林资源清查（2014—2018）结果。

## 表10.2 人均水资源量及人均用水量

单位：立方米

| 年 份 | 人均水资源量 | 人均用水量 |
|---|---|---|
| 2010 | 2310.4 | 450.2 |
| 2011 | 1729.1 | 454.1 |
| 2012 | 2180.5 | 452.8 |
| 2013 | 2050.8 | 453.6 |
| 2014 | 1987.6 | 444.3 |
| 2015 | 2026.5 | 442.3 |
| 2016 | 2339.4 | 435.2 |
| 2017 | 2059.9 | 432.8 |
| 2018 | 1957.7 | 428.8 |
| 2019 | 2062.9 | 427.7 |
| 2020 | 2239.8 | 411.9 |
| 2021 | 2098.5 | 419.2 |
| 2022 | 1918.2 | 424.7 |
| 2023 | 1827.6 | 418.7 |

资料来源：国家统计局，《中国统计年鉴2024》。
注：根据2020年第七次全国人口普查资料，历史数据有调整。

## 表10.3 城市环境情况

单位：%

| 年 份 | 建成区绿化覆盖率 | 城市供水普及率 | 城市燃气普及率 | 生活垃圾无害化处理率 | 人均公园绿地面积（平方米） |
|---|---|---|---|---|---|
| 2010 | 38.6 | 96.7 | 92.0 | 77.9 | 11.2 |
| 2011 | 39.2 | 97.0 | 92.4 | 79.7 | 11.8 |
| 2012 | 39.6 | 97.2 | 93.2 | 84.8 | 12.3 |
| 2013 | 39.7 | 97.6 | 94.3 | 89.3 | 12.6 |
| 2014 | 40.2 | 97.6 | 94.6 | 91.8 | 13.1 |
| 2015 | 40.1 | 98.1 | 95.3 | 94.1 | 13.4 |
| 2016 | 40.3 | 98.4 | 95.8 | 96.6 | 13.7 |
| 2017 | 40.9 | 98.3 | 96.3 | 97.7 | 14.0 |
| 2018 | 41.1 | 98.4 | 96.7 | 99.0 | 14.1 |
| 2019 | 41.5 | 98.8 | 97.3 | 99.2 | 14.4 |
| 2020 | 42.1 | 99.0 | 97.9 | 99.7 | 14.8 |
| 2021 | 42.4 | 99.4 | 98.0 | 99.9 | 14.9 |
| 2022 | 43.0 | 99.4 | 98.1 | 99.9 | 15.3 |
| 2023 | 43.3 | 99.4 | 98.3 | 100.0 | 15.6 |

资料来源：国家统计局，历年中国统计年鉴。

## 图 10.1 农村自来水普及率

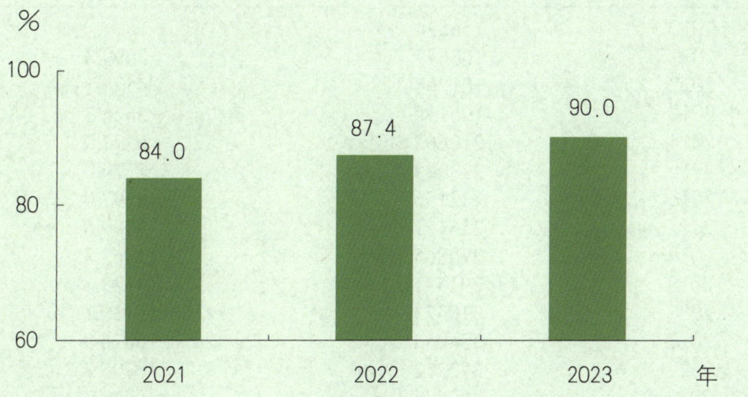


资料来源：水利部。

## 表10.4 全国少儿图书馆、博物馆基本情况

| 年 份 | 少儿图书馆 | | 博物馆 | |
|---|---|---|---|---|
| | 数量(个) | 总藏量(万册) | 数量(个) | 未成年人参观人次(万人次) |
| 2010 | 97 | 2159.2 | 2435 | 11441.3 |
| 2011 | 94 | 2321.1 | 2650 | 12494.0 |
| 2012 | 99 | 3217.4 | 3069 | 15543.2 |
| 2013 | 105 | 3165.0 | 3473 | 18206.2 |
| 2014 | 108 | 3392.3 | 3658 | 20211.9 |
| 2015 | 113 | 3698.2 | 3852 | 21927.3 |
| 2016 | 122 | 4230.9 | 4109 | 23557.8 |
| 2017 | 122 | 4368.5 | 4721 | 26192.3 |
| 2018 | 123 | 4635.1 | 4918 | 26965.6 |
| 2019 | 128 | 4999.8 | 5132 | 28652.9 |
| 2020 | 147 | 6676.8 | 5452 | 12216.7 |
| 2021 | 143 | 5491.3 | 5772 | 18122.2 |
| 2022 | 146 | 5644.4 | 6091 | 14980.8 |
| 2023 | 146 | 5946.5 | 4508 | 30017.8 |

资料来源：文化和旅游部、国家文物局。
注：少儿图书馆指县(区、市)以上的少儿图书馆。

## 表10.5 公共图书馆中少儿阅览室坐席数及少儿文献数

| 年 份 | 少儿阅览室坐席数(个) | 少儿文献数(万册) |
|---|---|---|
| 2010 | 156524 | |
| 2011 | 168647 | 3099.3 |
| 2012 | 181264 | 4574.1 |
| 2013 | 196192 | 5626.3 |
| 2014 | 210662 | 6377.0 |
| 2015 | 223948 | 7370.6 |
| 2016 | 242156 | 8597.0 |
| 2017 | 256151 | 9999.6 |
| 2018 | 270865 | 11465.8 |
| 2019 | 291531 | 13123.8 |
| 2020 | 310373 | 15110.1 |
| 2021 | 334953 | 16626.9 |
| 2022 | 372212 | 18795.8 |
| 2023 | 407046 | 20739.7 |

资料来源：文化和旅游部。

## 表10.6 文化机构数及为未成年人组织活动专场数

| 年 份 | 机构数（个） | 文化馆 | 文化站 | 为未成年人组织专场数（次） |
|---|---|---|---|---|
| 2012 | 43876 | 3301 | 40575 | 13926 |
| 2013 | 44260 | 3315 | 40945 | 15867 |
| 2014 | 44423 | 3313 | 41110 | 16630 |
| 2015 | 44291 | 3315 | 40976 | 18358 |
| 2016 | 44497 | 3322 | 41175 | 20468 |
| 2017 | 44521 | 3328 | 41193 | 22467 |
| 2018 | 44464 | 3326 | 41138 | 38481 |
| 2019 | 44073 | 3326 | 40747 | 24340 |
| 2020 | 43687 | 3321 | 40366 | 18584 |
| 2021 | 43531 | 3316 | 40215 | 22172 |
| 2022 | 45623 | 3503 | 42120 | 22966 |
| 2023 | 43752 | 3516 | 40236 | 42308 |

资料来源：文化和旅游部。

## 表10.7 全国少年儿童出版物情况

| 年 份 | 儿童期刊 | | 儿童图书 | | 儿童音像制品数量（万盒/张） |
|---|---|---|---|---|---|
| | 种类（种） | 数量（万册） | 种类（种） | 数量（万册/张） | |
| 2010 | 98 | 23683 | 19794 | 35781 | 3780 |
| 2011 | 118 | 36454 | | 37800 | 6051 |
| 2012 | 142 | 39432 | 30966 | 47823 | 4034 |
| 2013 | 144 | 40907 | 32400 | 45686 | 3149 |
| 2014 | 209 | 51983 | 32712 | 49693 | 1681 |
| 2015 | 209 | 54164 | 36633 | 55564 | 2010 |
| 2016 | 212 | 50692 | 43639 | 77789 | 2488 |
| 2017 | 211 | 44612 | 42441 | 82007 | 2600 |
| 2018 | 207 | 39719 | 44196 | 88858 | 2480 |
| 2019 | 206 | 37945 | 43712 | 94555 | 1698 |
| 2020 | 209 | 33466 | 42517 | 90432 | 1142 |
| 2021 | 208 | 35571 | 46322 | 96994 | 802 |
| 2022 | 210 | 34854 | 43560 | 104579 | 486 |
| 2023 | 212 | 33262 | 44575 | 101382 | 266 |

资料来源：国家新闻出版署。

## 表10.8 全国课本出版情况

| 年 份 | 种类（种） | 总印数（万册） | 总印张（万印张） |
|---|---|---|---|
| 2010 | 68145 | 335452 | 2703773 |
| 2011 | 78281 | 343991 | 2729430 |
| 2012 | 81271 | 347458 | 2707879 |
| 2013 | 87509 | 345002 | 2690298 |
| 2014 | 92370 | 349949 | 2739853 |
| 2015 | 90718 | 331931 | 2630870 |
| 2016 | 89001 | 327691 | 2625079 |
| 2017 | 86591 | 325612 | 2581812 |
| 2018 | 82862 | 348116 | 2745839 |
| 2019 | 87173 | 375190 | 2940492 |
| 2020 | 84809 | 379061 | 2932161 |
| 2021 | 90143 | 432063 | 3358750 |
| 2022 | 88682 | 435831 | 3313746 |
| 2023 | 87922 | 481528 | 3707232 |

资料来源：国家新闻出版署。

## 图 10.2 全年生产动画影片

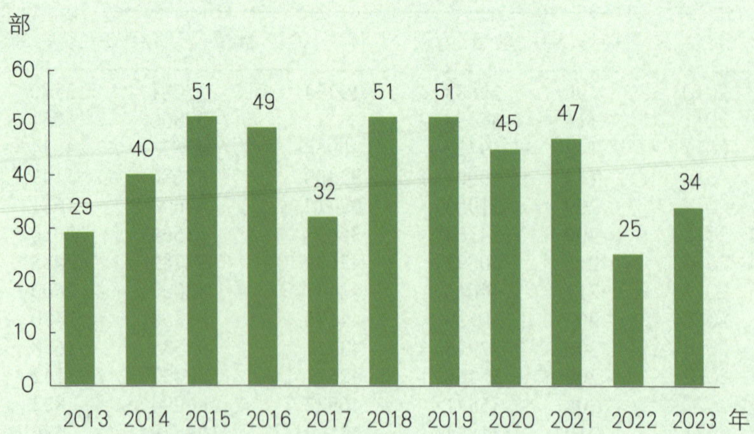


资料来源：国家电影局。

## 表10.9　全国广播、电视节目综合人口覆盖率

单位：%

| 年 份 | 广播节目综合人口覆盖率 | #农村 | 电视节目综合人口覆盖率 | #农村 |
|---|---|---|---|---|
| 2010 | 96.8 | 95.6 | 97.6 | 96.8 |
| 2011 | 97.1 | 96.1 | 97.8 | 97.1 |
| 2012 | 97.5 | 96.6 | 98.2 | 97.6 |
| 2103 | 97.8 | 97.0 | 98.4 | 97.9 |
| 2014 | 98.0 | 97.3 | 98.6 | 98.1 |
| 2015 | 98.2 | 97.5 | 98.8 | 98.3 |
| 2016 | 98.4 | 97.8 | 98.9 | 98.5 |
| 2017 | 98.7 | 98.2 | 99.1 | 98.7 |
| 2018 | 98.9 | 98.6 | 99.3 | 99.0 |
| 2019 | 99.1 | 98.8 | 99.4 | 99.2 |
| 2020 | 99.4 | 99.2 | 99.6 | 99.4 |
| 2021 | 99.5 | 99.3 | 99.7 | 99.5 |
| 2022 | 99.6 | 99.5 | 99.8 | 99.6 |
| 2023 | 99.7 | 99.6 | 99.8 | 99.7 |

资料来源：国家广播电视总局。

## 表10.10　少儿广播电视节目播出时间

单位：时:分

| 年 份 | 少儿广播 | 少儿电视 | 电视动画 |
|---|---|---|---|
| 2011 | 135768:53 | 375789:03 | 280254:37 |
| 2012 | 148525:22 | 397243:38 | 304877:17 |
| 2013 | 167613:55 | 417202:50 | 293139:57 |
| 2014 | 215763:06 | 486353:28 | 304838:35 |
| 2015 | 218063:51 | 463673:46 | 309060:10 |
| 2016 | 224816:51 | 483778:50 | 328864:19 |
| 2017 | 249777:12 | 571126:49 | 362824:48 |
| 2018 | 265774:28 | 573286:57 | 374484:46 |
| 2019 | 266377:26 | 574054:00 | 398685:20 |
| 2020 | 287504:46 | 631218:25 | 446113:05 |
| 2021 | 287550:49 | 626123:05 | 452407:38 |
| 2022 | 277525:33 | 643288:35 | 465326:19 |
| 2023 | 270605:02 | 636467:40 | 472768:26 |

资料来源：国家广播电视总局。

## 表10.11 妇女之家和儿童之家数

单位：个

| 年 份 | 妇女之家 | 儿童之家 |
|---|---|---|
| 2015 | 755053 | 181877 |
| 2016 | 732058 | 175802 |
| 2017 | 852734 | 185236 |
| 2018 | 739729 | 227157 |
| 2019 | 739465 | 288778 |
| 2020 | 725553 | 320584 |
| 2021 | 709966 | 329134 |
| 2022 | 717989 | 334280 |
| 2023 | 724130 | 336506 |

资料来源：全国妇联。

## 表10.12 各级表彰或揭晓的五好家庭、三八红旗手和“最美家庭”数

| 年 份 | 五好家庭（万个） | 三八红旗手（万人） | 最美家庭（万个） |
|---|---|---|---|
| 2015 | 34.3 | 6.7 | 225.4 |
| 2016 | 34.4 | 6.5 | 200.5 |
| 2017 | 14.1 | 6.6 | 173.2 |
| 2018 | 11.9 | 6.9 | 180.5 |
| 2019 | 8.5 | 6.3 | 190.0 |
| 2020 | 6.7 | 7.1 | 190.1 |
| 2021 | 5.0 | 5.9 | 178.6 |
| 2022 | 4.2 | 5.6 | 166.8 |
| 2023 | 3.3 | 5.9 | 164.0 |

资料来源：全国妇联。

# 十一、分地区统计资料

## 表11.1 全国人口普查总人口

单位：万人

| 地区 | 人口数 | | | |
|---|---|---|---|---|
| | 1990年 | 2000年 | 2010年 | 2020年 |
| **全国** | **113368** | **126583** | **133972** | **141178** |
| 北京 | 1082 | 1382 | 1961 | 2189 |
| 天津 | 879 | 1001 | 1294 | 1387 |
| 河北 | 6108 | 6744 | 7185 | 7461 |
| 山西 | 2876 | 3297 | 3571 | 3492 |
| 内蒙古 | 2146 | 2376 | 2471 | 2405 |
| 辽宁 | 3946 | 4238 | 4375 | 4259 |
| 吉林 | 2466 | 2728 | 2746 | 2407 |
| 黑龙江 | 3521 | 3689 | 3831 | 3185 |
| 上海 | 1334 | 1674 | 2302 | 2487 |
| 江苏 | 6706 | 7438 | 7866 | 8475 |
| 浙江 | 4145 | 4677 | 5443 | 6457 |
| 安徽 | 5618 | 5986 | 5950 | 6103 |
| 福建 | 3005 | 3471 | 3689 | 4154 |
| 江西 | 3771 | 4140 | 4457 | 4519 |
| 山东 | 8439 | 9079 | 9579 | 10153 |
| 河南 | 8551 | 9256 | 9402 | 9937 |
| 湖北 | 5397 | 6028 | 5724 | 5775 |
| 湖南 | 6066 | 6440 | 6568 | 6644 |
| 广东 | 6283 | 8642 | 10430 | 12601 |
| 广西 | 4225 | 4489 | 4603 | 5013 |
| 海南 | 656 | 787 | 867 | 1008 |
| 重庆 | 2886 | 3090 | 2885 | 3205 |
| 四川 | 7836 | 8329 | 8042 | 8367 |
| 贵州 | 3239 | 3525 | 3475 | 3856 |
| 云南 | 3697 | 4288 | 4597 | 4721 |
| 西藏 | 220 | 262 | 300 | 365 |
| 陕西 | 3288 | 3605 | 3733 | 3953 |
| 甘肃 | 2237 | 2562 | 2558 | 2502 |
| 青海 | 446 | 518 | 563 | 592 |
| 宁夏 | 466 | 562 | 630 | 720 |
| 新疆 | 1516 | 1925 | 2181 | 2585 |

资料来源：国家统计局，《2020年第七次全国人口普查主要数据》。
注：人口数均为当年人口普查时点数，全国人口包括了中国人民解放军现役军人，分地区数据中未包括。

## 表11.2 2023年人口数及性别构成

| 地 区 | 样本人口数（人） | #女 | 性别构成(%) 男 | 女 |
|---|---|---|---|---|
| **全 国** | **1482230** | **725772** | **51.0** | **49.0** |
| 北 京 | 23018 | 11299 | 50.9 | 49.1 |
| 天 津 | 14362 | 7019 | 51.1 | 48.9 |
| 河 北 | 77846 | 39186 | 49.7 | 50.3 |
| 山 西 | 36496 | 17862 | 51.1 | 48.9 |
| 内蒙古 | 25229 | 12308 | 51.2 | 48.8 |
| 辽 宁 | 44035 | 22342 | 49.3 | 50.7 |
| 吉 林 | 24629 | 12342 | 49.9 | 50.1 |
| 黑龙江 | 32242 | 16131 | 50.0 | 50.0 |
| 上 海 | 26187 | 12632 | 51.8 | 48.2 |
| 江 苏 | 89776 | 44271 | 50.7 | 49.3 |
| 浙 江 | 69780 | 33358 | 52.2 | 47.8 |
| 安 徽 | 64452 | 31530 | 51.1 | 48.9 |
| 福 建 | 44046 | 21261 | 51.7 | 48.3 |
| 江 西 | 47541 | 22978 | 51.7 | 48.3 |
| 山 东 | 106592 | 52727 | 50.5 | 49.5 |
| 河 南 | 103349 | 51527 | 50.1 | 49.9 |
| 湖 北 | 61472 | 29996 | 51.2 | 48.8 |
| 湖 南 | 69159 | 33739 | 51.2 | 48.8 |
| 广 东 | 133790 | 63357 | 52.6 | 47.4 |
| 广 西 | 52933 | 25566 | 51.7 | 48.3 |
| 海 南 | 10982 | 5152 | 53.1 | 46.9 |
| 重 庆 | 33600 | 16673 | 50.4 | 49.6 |
| 四 川 | 88112 | 43662 | 50.4 | 49.6 |
| 贵 州 | 40697 | 19877 | 51.2 | 48.8 |
| 云 南 | 49205 | 23916 | 51.4 | 48.6 |
| 西 藏 | 3843 | 1820 | 52.6 | 47.4 |
| 陕 西 | 41613 | 20379 | 51.0 | 49.0 |
| 甘 肃 | 25956 | 12780 | 50.8 | 49.2 |
| 青 海 | 6255 | 3110 | 50.3 | 49.7 |
| 宁 夏 | 7676 | 3773 | 50.8 | 49.2 |
| 新 疆 | 27356 | 13199 | 51.8 | 48.2 |

资料来源：国家统计局，《中国统计年鉴2024》。
注：本表是2023年全国人口变动情况抽样调查样本数据，抽样比为1.051‰。下同。

## 表11.3 2023年分年龄人口数

单位：人

| 地区 | 样本人口数 | 0－14岁 | 15－64岁 | 65岁及以上 |
|---|---|---|---|---|
| **全国** | **1482230** | **242810** | **1011168** | **228252** |
| 北京 | 23018 | 2764 | 16603 | 3650 |
| 天津 | 14362 | 1800 | 9990 | 2572 |
| 河北 | 77846 | 13865 | 51341 | 12640 |
| 山西 | 36496 | 5449 | 25498 | 5549 |
| 内蒙古 | 25229 | 3249 | 18081 | 3899 |
| 辽宁 | 44035 | 4456 | 30307 | 9273 |
| 吉林 | 24629 | 2538 | 17497 | 4594 |
| 黑龙江 | 32242 | 2843 | 23333 | 6065 |
| 上海 | 26187 | 2509 | 18555 | 5123 |
| 江苏 | 89776 | 12186 | 61022 | 16569 |
| 浙江 | 69780 | 8794 | 50231 | 10756 |
| 安徽 | 64452 | 11183 | 43041 | 10228 |
| 福建 | 44046 | 7849 | 30636 | 5561 |
| 江西 | 47541 | 8959 | 32171 | 6411 |
| 山东 | 106592 | 18426 | 69589 | 18577 |
| 河南 | 103349 | 21014 | 66946 | 15389 |
| 湖北 | 61472 | 9135 | 41920 | 10418 |
| 湖南 | 69159 | 12040 | 45733 | 11386 |
| 广东 | 133790 | 24052 | 96407 | 13330 |
| 广西 | 52933 | 11349 | 34274 | 7310 |
| 海南 | 10982 | 2007 | 7691 | 1284 |
| 重庆 | 33600 | 4697 | 22550 | 6353 |
| 四川 | 88112 | 12775 | 59069 | 16268 |
| 贵州 | 40697 | 9155 | 26326 | 5216 |
| 云南 | 49205 | 9011 | 34314 | 5880 |
| 西藏 | 3843 | 937 | 2672 | 234 |
| 陕西 | 41613 | 6826 | 28450 | 6338 |
| 甘肃 | 25956 | 4779 | 17634 | 3542 |
| 青海 | 6255 | 1239 | 4362 | 654 |
| 宁夏 | 7676 | 1474 | 5395 | 806 |
| 新疆 | 27356 | 5451 | 19529 | 2376 |

资料来源：国家统计局，《中国统计年鉴2024》。

## 表11.4 2020年人均预期寿命

单位：岁

| 地 区 | 合 计 | 男 | 女 |
|---|---|---|---|
| **全 国** | **77.93** | **75.37** | **80.88** |
| 北 京 | 82.49 | 80.43 | 84.62 |
| 天 津 | 81.30 | 79.32 | 83.40 |
| 河 北 | 77.75 | 75.20 | 80.52 |
| 山 西 | 77.91 | 75.64 | 80.47 |
| 内蒙古 | 77.56 | 74.98 | 80.45 |
| 辽 宁 | 78.68 | 75.96 | 81.54 |
| 吉 林 | 78.41 | 75.62 | 81.40 |
| 黑龙江 | 78.25 | 75.33 | 81.42 |
| 上 海 | 82.55 | 80.39 | 84.87 |
| 江 苏 | 79.32 | 77.02 | 81.83 |
| 浙 江 | 80.19 | 78.09 | 82.58 |
| 安 徽 | 77.96 | 75.52 | 80.72 |
| 福 建 | 78.49 | 75.81 | 81.55 |
| 江 西 | 77.64 | 75.08 | 80.52 |
| 山 东 | 79.18 | 76.46 | 82.11 |
| 河 南 | 77.60 | 74.59 | 80.84 |
| 湖 北 | 78.00 | 75.73 | 80.53 |
| 湖 南 | 77.88 | 75.36 | 80.75 |
| 广 东 | 79.31 | 76.75 | 82.22 |
| 广 西 | 78.06 | 74.64 | 81.98 |
| 海 南 | 79.05 | 75.83 | 82.84 |
| 重 庆 | 78.56 | 75.86 | 81.64 |
| 四 川 | 77.79 | 75.01 | 80.93 |
| 贵 州 | 75.20 | 72.09 | 78.71 |
| 云 南 | 74.02 | 70.98 | 77.55 |
| 西 藏 | 72.19 | 70.27 | 74.75 |
| 陕 西 | 77.80 | 75.59 | 80.24 |
| 甘 肃 | 75.64 | 73.64 | 77.85 |
| 青 海 | 73.96 | 71.72 | 76.43 |
| 宁 夏 | 76.58 | 74.89 | 78.40 |
| 新 疆 | 75.65 | 73.66 | 77.89 |

资料来源：国家统计局，2020年第七次全国人口普查。

## 表11.5 2023年平均家庭户规模及抚养比

| 地区 | 平均家庭户规模（人/户） | 总抚养比（%） | 少儿抚养比 | 老年人口抚养比 |
|---|---|---|---|---|
| **全国** | **2.80** | **46.59** | **24.01** | **22.57** |
| 北京 | 2.46 | 38.63 | 16.65 | 21.98 |
| 天津 | 2.51 | 43.76 | 18.02 | 25.75 |
| 河北 | 2.90 | 51.63 | 27.01 | 24.62 |
| 山西 | 2.72 | 43.13 | 21.37 | 21.76 |
| 内蒙古 | 2.48 | 39.53 | 17.97 | 21.56 |
| 辽宁 | 2.39 | 45.30 | 14.70 | 30.60 |
| 吉林 | 2.45 | 40.76 | 14.51 | 26.26 |
| 黑龙江 | 2.28 | 38.18 | 12.19 | 25.99 |
| 上海 | 2.45 | 41.13 | 13.52 | 27.61 |
| 江苏 | 2.80 | 47.12 | 19.97 | 27.15 |
| 浙江 | 2.61 | 38.92 | 17.51 | 21.41 |
| 安徽 | 2.78 | 49.75 | 25.98 | 23.76 |
| 福建 | 2.89 | 43.77 | 25.62 | 18.15 |
| 江西 | 3.10 | 47.78 | 27.85 | 19.93 |
| 山东 | 2.69 | 53.17 | 26.48 | 26.70 |
| 河南 | 3.00 | 54.38 | 31.39 | 22.99 |
| 湖北 | 2.86 | 46.64 | 21.79 | 24.85 |
| 湖南 | 2.85 | 51.22 | 26.33 | 24.90 |
| 广东 | 2.92 | 38.78 | 24.95 | 13.83 |
| 广西 | 3.12 | 54.44 | 33.11 | 21.33 |
| 海南 | 3.45 | 42.79 | 26.09 | 16.70 |
| 重庆 | 2.63 | 49.00 | 20.83 | 28.17 |
| 四川 | 2.77 | 49.17 | 21.63 | 27.54 |
| 贵州 | 3.21 | 54.59 | 34.77 | 19.81 |
| 云南 | 3.15 | 43.40 | 26.26 | 17.14 |
| 西藏 | 3.49 | 43.85 | 35.08 | 8.77 |
| 陕西 | 2.69 | 46.27 | 23.99 | 22.28 |
| 甘肃 | 3.03 | 47.19 | 27.10 | 20.09 |
| 青海 | 3.03 | 43.40 | 28.41 | 14.99 |
| 宁夏 | 2.97 | 42.27 | 27.33 | 14.94 |
| 新疆 | 3.05 | 40.08 | 27.91 | 12.17 |

资料来源：国家统计局，《中国统计年鉴2024》。

## 表11.6 2023年居民人均可支配收入

单位：元

| 地 区 | 合 计 | 城镇 | 农村 |
|---|---|---|---|
| **全 国** | **39218** | **51821** | **21691** |
| 北 京 | 81752 | 88650 | 37358 |
| 天 津 | 51271 | 55355 | 30851 |
| 河 北 | 32903 | 43631 | 20688 |
| 山 西 | 30924 | 41327 | 17677 |
| 内蒙古 | 38130 | 48676 | 21221 |
| 辽 宁 | 37992 | 45896 | 21483 |
| 吉 林 | 29797 | 37503 | 19472 |
| 黑龙江 | 29694 | 36492 | 19756 |
| 上 海 | 84834 | 89477 | 42988 |
| 江 苏 | 52674 | 63211 | 30488 |
| 浙 江 | 63830 | 74997 | 40311 |
| 安 徽 | 34893 | 47446 | 21144 |
| 福 建 | 45426 | 56153 | 26722 |
| 江 西 | 34242 | 45554 | 21358 |
| 山 东 | 39890 | 51571 | 23776 |
| 河 南 | 29933 | 40234 | 20053 |
| 湖 北 | 35146 | 44990 | 21293 |
| 湖 南 | 35895 | 49243 | 20921 |
| 广 东 | 49327 | 59307 | 25142 |
| 广 西 | 29514 | 41287 | 18656 |
| 海 南 | 33192 | 42661 | 20708 |
| 重 庆 | 37595 | 47435 | 20820 |
| 四 川 | 32514 | 45227 | 19978 |
| 贵 州 | 27098 | 42772 | 14817 |
| 云 南 | 28421 | 43563 | 16361 |
| 西 藏 | 28983 | 51900 | 19924 |
| 陕 西 | 32128 | 44713 | 16992 |
| 甘 肃 | 25011 | 39833 | 13131 |
| 青 海 | 28587 | 40408 | 15614 |
| 宁 夏 | 31604 | 42395 | 17772 |
| 新 疆 | 28947 | 40578 | 17948 |

资料来源：国家统计局，《中国统计年鉴2024》。

## 表11.7　2023年孕产妇保健情况

单位：%

| 地　区 | 住　院<br>分娩率 | 产　前<br>检查率 | 孕产妇系<br>统管理率 | 孕产妇<br>建卡率 | 产　后<br>访视率 |
|---|---|---|---|---|---|
| **全　国** | **99.9** | **98.2** | **94.5** | **95.6** | **97.0** |
| 北　京 | 100.0 | 98.4 | 97.9 | 94.6 | 98.2 |
| 天　津 | 100.0 | 98.9 | 95.3 | 98.7 | 98.0 |
| 河　北 | 100.0 | 97.9 | 93.7 | 95.1 | 95.5 |
| 山　西 | 100.0 | 98.3 | 92.4 | 90.7 | 96.0 |
| 内蒙古 | 100.0 | 98.4 | 96.1 | 97.3 | 97.4 |
| 辽　宁 | 100.0 | 98.5 | 93.0 | 91.8 | 96.2 |
| 吉　林 | 100.0 | 98.4 | 96.4 | 97.7 | 98.6 |
| 黑龙江 | 100.0 | 98.6 | 95.4 | 96.6 | 97.2 |
| 上　海 | 100.0 | 98.4 | 97.0 | 98.6 | 98.5 |
| 江　苏 | 100.0 | 98.8 | 96.1 | 95.8 | 98.1 |
| 浙　江 | 100.0 | 98.4 | 97.1 | 98.7 | 98.4 |
| 安　徽 | 99.9 | 97.4 | 92.7 | 93.8 | 96.2 |
| 福　建 | 100.0 | 98.3 | 93.6 | 94.8 | 96.5 |
| 江　西 | 100.0 | 98.4 | 96.8 | 98.3 | 97.7 |
| 山　东 | 100.0 | 98.4 | 96.7 | 98.5 | 97.6 |
| 河　南 | 100.0 | 97.0 | 90.4 | 92.4 | 95.2 |
| 湖　北 | 100.0 | 98.1 | 95.8 | 96.8 | 97.1 |
| 湖　南 | 100.0 | 98.4 | 96.6 | 97.2 | 97.7 |
| 广　东 | 99.9 | 98.3 | 94.8 | 95.9 | 97.1 |
| 广　西 | 99.9 | 98.1 | 94.9 | 97.7 | 98.3 |
| 海　南 | 99.9 | 99.0 | 92.0 | 93.2 | 97.8 |
| 重　庆 | 99.9 | 98.5 | 94.0 | 97.1 | 95.7 |
| 四　川 | 99.8 | 98.1 | 95.5 | 95.8 | 96.9 |
| 贵　州 | 99.9 | 97.8 | 93.6 | 95.5 | 96.2 |
| 云　南 | 99.9 | 98.8 | 92.1 | 93.4 | 97.7 |
| 西　藏 | 99.2 | 92.1 | 81.9 | 83.7 | 94.5 |
| 陕　西 | 100.0 | 98.8 | 96.7 | 98.2 | 97.6 |
| 甘　肃 | 99.9 | 98.4 | 93.4 | 92.6 | 96.8 |
| 青　海 | 99.9 | 97.0 | 92.8 | 91.8 | 95.5 |
| 宁　夏 | 100.0 | 99.0 | 97.9 | 99.0 | 98.8 |
| 新　疆 | 99.8 | 99.0 | 95.4 | 97.6 | 98.2 |

资料来源：国家卫生健康委。

## 表11.8　2023年儿童健康情况

单位：%

| 地　区 | 新生儿访视率 | 5岁以下儿童低体重患病率 | 3岁以下儿童系统管理率 | 7岁以下儿童保健管理率 |
|---|---|---|---|---|
| **全　国** | **97.4** | **1.2** | **94.3** | **95.9** |
| 北　京 | 98.0 | 0.2 | 97.0 | 99.4 |
| 天　津 | 98.1 | 0.6 | 96.9 | 95.0 |
| 河　北 | 96.0 | 1.4 | 93.6 | 95.3 |
| 山　西 | 96.5 | 0.7 | 92.8 | 94.4 |
| 内蒙古 | 98.0 | 0.6 | 96.1 | 95.7 |
| 辽　宁 | 96.7 | 0.7 | 94.1 | 94.6 |
| 吉　林 | 99.8 | 0.3 | 97.1 | 98.3 |
| 黑龙江 | 98.0 | 0.7 | 95.8 | 96.2 |
| 上　海 | 98.5 | 0.3 | 97.8 | 99.6 |
| 江　苏 | 98.6 | 0.5 | 98.4 | 99.2 |
| 浙　江 | 99.4 | 0.6 | 97.3 | 98.6 |
| 安　徽 | 96.4 | 0.5 | 92.5 | 94.1 |
| 福　建 | 97.0 | 0.9 | 94.7 | 95.8 |
| 江　西 | 98.1 | 2.0 | 95.2 | 95.7 |
| 山　东 | 98.4 | 0.7 | 97.1 | 97.7 |
| 河　南 | 95.0 | 1.1 | 91.7 | 93.7 |
| 湖　北 | 97.4 | 1.1 | 94.4 | 96.0 |
| 湖　南 | 98.6 | 1.0 | 95.4 | 96.1 |
| 广　东 | 97.1 | 2.2 | 92.6 | 96.0 |
| 广　西 | 97.8 | 2.9 | 89.0 | 95.8 |
| 海　南 | 98.0 | 2.7 | 92.2 | 95.8 |
| 重　庆 | 96.4 | 0.8 | 93.9 | 95.5 |
| 四　川 | 97.5 | 1.1 | 95.3 | 95.8 |
| 贵　州 | 96.6 | 1.0 | 94.0 | 95.1 |
| 云　南 | 98.1 | 1.3 | 94.0 | 95.2 |
| 西　藏 | 94.6 | 1.6 | 91.1 | 93.1 |
| 陕　西 | 98.2 | 0.7 | 96.3 | 97.0 |
| 甘　肃 | 97.2 | 1.0 | 93.5 | 95.2 |
| 青　海 | 95.8 | 0.8 | 94.7 | 92.7 |
| 宁　夏 | 99.4 | 0.5 | 96.9 | 97.0 |
| 新　疆 | 99.1 | 1.0 | 97.5 | 95.9 |

资料来源：国家卫生健康委。

## 表11.9　孕前优生健康检查目标人群覆盖率

单位：%

| 地　区 | 2022年 | 2023年 |
| --- | --- | --- |
| **全　国** | **91.8** | **96.9** |
| 北　京 | 88.8 | 100.0 |
| 天　津 | 93.2 | 105.3 |
| 河　北 | 96.5 | 103.6 |
| 山　西 | 95.9 | 100.8 |
| 内蒙古 | 89.1 | 99.9 |
| 辽　宁 | 93.0 | 99.4 |
| 吉　林 | 91.3 | 102.8 |
| 黑龙江 | 85.8 | 75.5 |
| 上　海 | 142.6 | 163.5 |
| 江　苏 | 104.5 | 110.8 |
| 浙　江 | 118.2 | 123.6 |
| 安　徽 | 97.2 | 101.5 |
| 福　建 | 92.8 | 96.6 |
| 江　西 | 100.9 | 107.9 |
| 山　东 | 98.5 | 99.7 |
| 河　南 | 83.9 | 95.7 |
| 湖　北 | 94.1 | 102.4 |
| 湖　南 | 103.5 | 103.6 |
| 广　东 | 80.6 | 85.5 |
| 广　西 | 94.5 | 99.7 |
| 海　南 | 82.8 | 85.1 |
| 重　庆 | 96.1 | 101.1 |
| 四　川 | 98.5 | 100.0 |
| 贵　州 | 95.6 | 97.1 |
| 云　南 | 90.8 | 95.5 |
| 西　藏 | 23.1 | 19.1 |
| 陕　西 | 89.8 | 95.0 |
| 甘　肃 | 54.2 | 62.4 |
| 青　海 | 85.9 | 84.0 |
| 宁　夏 | 89.0 | 109.8 |
| 新　疆 | 87.7 | 107.3 |

资料来源：国家卫生健康委。

## 表11.10 中小学生《国家学生体质健康标准》达到优良的比例

单位：%

| 地　区 | 2022年 | 2023年 |
| --- | --- | --- |
| **全　国** | **55.1** | **56.6** |
| 北　京 | 66.9 | 70.4 |
| 天　津 | 36.3 | 46.1 |
| 河　北 | 51.9 | 52.8 |
| 山　西 | 49.2 | 47.2 |
| 内蒙古 | 31.5 | 34.9 |
| 辽　宁 | 42.6 | 40.6 |
| 吉　林 | 33.6 | 34.7 |
| 黑龙江 | 36.5 | 36.9 |
| 上　海 | 55.5 | 57.4 |
| 江　苏 | 53.6 | 55.3 |
| 浙　江 | 68.6 | 72.1 |
| 安　徽 | 60.8 | 62.0 |
| 福　建 | 45.6 | 45.9 |
| 江　西 | 62.2 | 66.2 |
| 山　东 | 57.3 | 58.6 |
| 河　南 | 62.4 | 61.4 |
| 湖　北 | 62.9 | 62.6 |
| 湖　南 | 65.8 | 67.6 |
| 广　东 | 57.6 | 60.0 |
| 广　西 | 59.8 | 61.7 |
| 海　南 | 49.5 | 47.8 |
| 重　庆 | 50.4 | 51.8 |
| 四　川 | 53.7 | 58.5 |
| 贵　州 | 38.3 | 39.7 |
| 云　南 | 58.2 | 60.4 |
| 西　藏 | 45.6 | 37.6 |
| 陕　西 | 54.0 | 54.8 |
| 甘　肃 | 52.8 | 53.1 |
| 青　海 | 40.2 | 43.8 |
| 宁　夏 | 41.4 | 45.0 |
| 新　疆 | 44.7 | 46.7 |

资料来源：教育部。

## 表11.11 中小学配备专职心理健康教育教师学校比例

单位：%

| 地区 | 2022年 | | 2023年 | |
|---|---|---|---|---|
| | 小学 | 中学 | 小学 | 中学 |
| **全国** | **33.2** | **58.6** | **42.3** | **64.8** |
| 北京 | 47.6 | 73.8 | 52.5 | 77.9 |
| 天津 | 58.0 | 74.9 | 54.0 | 74.0 |
| 河北 | 11.7 | 30.3 | 15.6 | 33.0 |
| 山西 | 31.4 | 56.1 | 31.6 | 56.1 |
| 内蒙古 | 54.6 | 72.0 | 52.5 | 71.3 |
| 辽宁 | 30.0 | 49.3 | 37.7 | 54.7 |
| 吉林 | 11.6 | 31.1 | 24.7 | 40.5 |
| 黑龙江 | 66.6 | 68.6 | 60.2 | 63.1 |
| 上海 | 93.1 | 96.3 | 95.6 | 97.0 |
| 江苏 | 43.1 | 63.0 | 61.0 | 78.0 |
| 浙江 | 86.2 | 92.0 | 96.5 | 98.4 |
| 安徽 | 53.2 | 68.9 | 55.0 | 68.5 |
| 福建 | 33.9 | 61.5 | 35.7 | 62.8 |
| 江西 | 28.4 | 53.8 | 46.6 | 73.2 |
| 山东 | 39.7 | 62.3 | 50.9 | 69.4 |
| 河南 | 8.2 | 34.6 | 12.9 | 38.5 |
| 湖北 | 54.0 | 68.1 | 56.7 | 73.0 |
| 湖南 | 29.9 | 54.8 | 32.5 | 60.7 |
| 广东 | 76.6 | 90.7 | 87.0 | 93.9 |
| 广西 | 25.0 | 61.5 | 84.3 | 91.8 |
| 海南 | 16.1 | 43.5 | 66.8 | 85.5 |
| 重庆 | 16.5 | 36.9 | 43.5 | 58.5 |
| 四川 | 45.6 | 65.3 | 50.0 | 70.5 |
| 贵州 | 20.0 | 47.1 | 20.9 | 50.5 |
| 云南 | 7.8 | 31.6 | 7.2 | 35.2 |
| 西藏 | 2.1 | 12.4 | 0.4 | 7.5 |
| 陕西 | 29.3 | 44.5 | 34.9 | 51.1 |
| 甘肃 | 54.2 | 69.5 | 49.5 | 66.7 |
| 青海 | 5.3 | 17.3 | 10.0 | 24.5 |
| 宁夏 | 14.8 | 48.1 | 20.9 | 59.9 |
| 新疆 | 52.6 | 76.9 | 55.8 | 80.7 |

资料来源：教育部。

## 表11.12 中学开展预防艾滋病教育和性教育相关课程和活动的学校比例

单位：%

| 地　区 | 2022年 | 2023年 |
|---|---|---|
| **全　国** | **96.3** | **96.8** |
| 北　京 | 93.3 | 94.0 |
| 天　津 | 93.7 | 97.6 |
| 河　北 | 90.5 | 92.5 |
| 山　西 | 97.4 | 97.3 |
| 内蒙古 | 98.4 | 98.4 |
| 辽　宁 | 97.0 | 97.3 |
| 吉　林 | 95.5 | 95.6 |
| 黑龙江 | 98.9 | 99.3 |
| 上　海 | 98.8 | 98.1 |
| 江　苏 | 99.3 | 99.2 |
| 浙　江 | 98.9 | 98.9 |
| 安　徽 | 98.6 | 98.7 |
| 福　建 | 94.6 | 95.0 |
| 江　西 | 94.0 | 95.5 |
| 山　东 | 98.1 | 98.7 |
| 河　南 | 92.0 | 93.3 |
| 湖　北 | 93.5 | 94.3 |
| 湖　南 | 95.7 | 97.0 |
| 广　东 | 96.9 | 97.4 |
| 广　西 | 97.7 | 97.4 |
| 海　南 | 82.8 | 87.5 |
| 重　庆 | 98.8 | 98.4 |
| 四　川 | 99.0 | 98.9 |
| 贵　州 | 96.9 | 97.9 |
| 云　南 | 98.3 | 98.8 |
| 西　藏 | 99.3 | 98.6 |
| 陕　西 | 97.1 | 96.7 |
| 甘　肃 | 98.0 | 97.8 |
| 青　海 | 91.3 | 88.5 |
| 宁　夏 | 97.5 | 95.4 |
| 新　疆 | 98.2 | 98.3 |

资料来源：教育部。

## 表11.13　2023年各级教育生师比(教师人数=1)

| 地　区 | 小学阶段 | 初中阶段 | 普通高中 | 中等职业教育 | 高等教育 |
|---|---|---|---|---|---|
| **全　国** | **16.28** | **12.84** | **12.66** | **17.67** | **17.98** |
| 北　京 | 14.73 | 9.19 | 9.12 | 10.26 | 15.98 |
| 天　津 | 15.90 | 12.02 | 11.74 | 15.41 | 18.04 |
| 河　北 | 16.10 | 13.62 | 12.75 | 15.26 | 17.49 |
| 山　西 | 13.96 | 10.83 | 10.42 | 12.58 | 20.73 |
| 内蒙古 | 12.57 | 10.20 | 10.17 | 12.76 | 17.78 |
| 辽　宁 | 14.29 | 9.47 | 11.35 | 12.96 | 18.53 |
| 吉　林 | 11.15 | 9.06 | 12.35 | 9.27 | 20.45 |
| 黑龙江 | 11.16 | 9.58 | 11.96 | 13.03 | 17.54 |
| 上　海 | 13.99 | 11.66 | 9.79 | 14.07 | 15.17 |
| 江　苏 | 16.16 | 11.93 | 11.18 | 14.29 | 16.65 |
| 浙　江 | 17.25 | 12.56 | 11.11 | 12.87 | 15.78 |
| 安　徽 | 17.60 | 13.63 | 13.37 | 20.92 | 18.88 |
| 福　建 | 17.69 | 13.35 | 13.09 | 19.92 | 17.11 |
| 江　西 | 15.70 | 13.36 | 13.97 | 22.27 | 18.21 |
| 山　东 | 17.01 | 12.68 | 11.90 | 14.87 | 17.20 |
| 河　南 | 16.02 | 13.88 | 13.58 | 20.07 | 18.15 |
| 湖　北 | 17.36 | 12.86 | 13.17 | 17.80 | 18.54 |
| 湖　南 | 16.71 | 13.40 | 13.84 | 17.41 | 18.04 |
| 广　东 | 18.10 | 13.97 | 12.95 | 20.45 | 17.88 |
| 广　西 | 17.13 | 14.80 | 14.61 | 23.71 | 19.52 |
| 海　南 | 14.97 | 13.04 | 12.99 | 33.76 | 18.17 |
| 重　庆 | 15.31 | 12.37 | 14.98 | 19.11 | 17.69 |
| 四　川 | 15.60 | 12.30 | 12.97 | 19.23 | 18.97 |
| 贵　州 | 18.13 | 14.65 | 12.96 | 38.64 | 18.27 |
| 云　南 | 16.65 | 13.59 | 13.76 | 20.76 | 21.44 |
| 西　藏 | 14.40 | 11.99 | 11.40 | 12.64 | 17.49 |
| 陕　西 | 15.90 | 12.34 | 12.32 | 16.08 | 18.23 |
| 甘　肃 | 13.41 | 11.34 | 10.95 | 13.35 | 19.04 |
| 青　海 | 17.37 | 13.81 | 12.58 | 36.31 | 18.63 |
| 宁　夏 | 17.32 | 13.50 | 13.05 | 20.12 | 19.17 |
| 新　疆 | 17.70 | 13.53 | 13.39 | 18.83 | 20.08 |

资料来源：教育部。
注：中等职业教育未含技工学校数据。

## 表 11.14 2023年每十万人口各级教育平均在校生数

单位：人

| 地 区 | 学前教育 | 小学阶段 | 初中阶段 | 高中阶段 | 高等教育 |
|---|---|---|---|---|---|
| **全 国** | **2899** | **7676** | **3714** | **2906** | **3663** |
| 北 京 | 2359 | 5320 | 1698 | 1261 | 5584 |
| 天 津 | 2128 | 6004 | 2801 | 2231 | 5559 |
| 河 北 | 2688 | 8803 | 4491 | 3664 | 3190 |
| 山 西 | 2638 | 6660 | 3222 | 2898 | 3528 |
| 内蒙古 | 2308 | 5866 | 2762 | 2561 | 2523 |
| 辽 宁 | 1737 | 4750 | 2221 | 2113 | 3963 |
| 吉 林 | 1508 | 4665 | 2517 | 2385 | 5839 |
| 黑龙江 | 1244 | 3419 | 2559 | 2268 | 3817 |
| 上 海 | 1956 | 3786 | 2292 | 1275 | 3936 |
| 江 苏 | 2465 | 6912 | 3256 | 2479 | 3845 |
| 浙 江 | 2700 | 6255 | 2638 | 2122 | 2839 |
| 安 徽 | 2943 | 7707 | 3775 | 3089 | 3469 |
| 福 建 | 3234 | 8830 | 3766 | 2896 | 3462 |
| 江 西 | 2925 | 8283 | 4595 | 3879 | 4510 |
| 山 东 | 3023 | 7991 | 3939 | 2822 | 3909 |
| 河 南 | 3278 | 9754 | 5147 | 3791 | 3801 |
| 湖 北 | 2657 | 6665 | 3221 | 2538 | 4483 |
| 湖 南 | 2782 | 7851 | 4100 | 3296 | 3965 |
| 广 东 | 3623 | 8774 | 3766 | 2523 | 3144 |
| 广 西 | 3826 | 10230 | 4866 | 3572 | 3819 |
| 海 南 | 3539 | 8477 | 4047 | 3376 | 3169 |
| 重 庆 | 2726 | 6407 | 3256 | 3292 | 4012 |
| 四 川 | 2765 | 6557 | 3290 | 2827 | 3278 |
| 贵 州 | 3968 | 10231 | 5121 | 4233 | 2641 |
| 云 南 | 3580 | 8235 | 4020 | 3102 | 3184 |
| 西 藏 | 4180 | 10536 | 4331 | 3060 | 1612 |
| 陕 西 | 3026 | 7664 | 3419 | 2596 | 4624 |
| 甘 肃 | 3435 | 8188 | 3820 | 2854 | 3376 |
| 青 海 | 3425 | 8741 | 3991 | 3721 | 1813 |
| 宁 夏 | 3303 | 8534 | 3975 | 3430 | 3338 |
| 新 疆 | 2774 | 11370 | 4797 | 3181 | 2956 |

资料来源：教育部。

注：1.高中阶段在校生数不含人社部管理的技工学校。

2.高等教育在校生数包括研究生、普通本科、职业本专科、成人本专科，不含网络本专科生。

## 表11.15 2023年分地区特殊教育在校生数及性别构成

| 地区 | 人数（人） | #女 | 性别构成(%) 男 | 女 |
|---|---|---|---|---|
| **全国** | **911981** | **331793** | **63.6** | **36.4** |
| 北京 | 7825 | 2620 | 66.5 | 33.5 |
| 天津 | 4444 | 1516 | 65.9 | 34.1 |
| 河北 | 37471 | 13934 | 62.8 | 37.2 |
| 山西 | 20123 | 7754 | 61.5 | 38.5 |
| 内蒙古 | 13465 | 5162 | 61.7 | 38.3 |
| 辽宁 | 15786 | 5433 | 65.6 | 34.4 |
| 吉林 | 12279 | 4328 | 64.8 | 35.2 |
| 黑龙江 | 14139 | 4986 | 64.7 | 35.3 |
| 上海 | 9315 | 3239 | 65.2 | 34.8 |
| 江苏 | 45063 | 15267 | 66.1 | 33.9 |
| 浙江 | 27069 | 9400 | 65.3 | 34.7 |
| 安徽 | 42075 | 14814 | 64.8 | 35.2 |
| 福建 | 30602 | 10107 | 67.0 | 33.0 |
| 江西 | 37603 | 13334 | 64.5 | 35.5 |
| 山东 | 54572 | 18997 | 65.2 | 34.8 |
| 河南 | 68332 | 26015 | 61.9 | 38.1 |
| 湖北 | 28503 | 9546 | 66.5 | 33.5 |
| 湖南 | 51740 | 17842 | 65.5 | 34.5 |
| 广东 | 76278 | 25193 | 67.0 | 33.0 |
| 广西 | 44154 | 15871 | 64.1 | 35.9 |
| 海南 | 6600 | 2054 | 68.9 | 31.1 |
| 重庆 | 25459 | 9665 | 62.0 | 38.0 |
| 四川 | 64055 | 24830 | 61.2 | 38.8 |
| 贵州 | 40692 | 15593 | 61.7 | 38.3 |
| 云南 | 44794 | 17912 | 60.0 | 40.0 |
| 西藏 | 7080 | 3363 | 52.5 | 47.5 |
| 陕西 | 17935 | 6860 | 61.8 | 38.2 |
| 甘肃 | 19789 | 7733 | 60.9 | 39.1 |
| 青海 | 7446 | 3126 | 58.0 | 42.0 |
| 宁夏 | 6811 | 2671 | 60.8 | 39.2 |
| 新疆 | 30482 | 12628 | 58.6 | 41.4 |

资料来源：教育部。

## 表11.16　2023年文盲人口占15岁及以上人口的比重

单位：%

| 地　区 | 文盲人口占15岁及以上人口的比重 | 男 | 女 |
|---|---|---|---|
| **全　国** | **3.43** | **1.66** | **5.24** |
| 北　京 | 0.94 | 0.36 | 1.55 |
| 天　津 | 1.38 | 0.61 | 2.18 |
| 河　北 | 2.23 | 1.03 | 3.39 |
| 山　西 | 1.58 | 0.81 | 2.39 |
| 内蒙古 | 3.92 | 1.96 | 5.97 |
| 辽　宁 | 1.18 | 0.66 | 1.67 |
| 吉　林 | 1.37 | 0.86 | 1.87 |
| 黑龙江 | 2.68 | 1.62 | 3.73 |
| 上　海 | 1.58 | 0.61 | 2.62 |
| 江　苏 | 1.64 | 0.74 | 2.55 |
| 浙　江 | 4.20 | 2.00 | 6.59 |
| 安　徽 | 6.04 | 2.59 | 9.56 |
| 福　建 | 2.78 | 0.94 | 4.72 |
| 江　西 | 3.26 | 1.40 | 5.20 |
| 山　东 | 3.59 | 1.42 | 5.76 |
| 河　南 | 3.34 | 1.84 | 4.82 |
| 湖　北 | 3.20 | 1.40 | 5.06 |
| 湖　南 | 2.44 | 1.17 | 3.76 |
| 广　东 | 2.22 | 0.90 | 3.68 |
| 广　西 | 2.77 | 1.11 | 4.50 |
| 海　南 | 2.95 | 1.60 | 4.45 |
| 重　庆 | 1.85 | 0.85 | 2.85 |
| 四　川 | 4.88 | 2.45 | 7.33 |
| 贵　州 | 8.93 | 3.87 | 14.11 |
| 云　南 | 6.14 | 3.28 | 9.15 |
| 西　藏 | 28.98 | 23.06 | 35.71 |
| 陕　西 | 3.82 | 2.01 | 5.69 |
| 甘　肃 | 9.82 | 5.71 | 14.00 |
| 青　海 | 10.11 | 6.64 | 13.59 |
| 宁　夏 | 6.82 | 3.83 | 9.88 |
| 新　疆 | 2.51 | 1.80 | 3.27 |

资料来源：国家统计局，《中国统计年鉴2024》。

## 表11.17 2023年城镇职工基本养老保险参保人数及性别构成

| 地区 | 参保人数(万人) | #女 | 性别构成(%) 男 | 女 |
|---|---|---|---|---|
| **全国** | **52120.8** | **25144.7** | **51.8** | **48.2** |
| 中央机关 | 67.2 | 30.0 | 54.9 | 44.7 |
| 北京 | 1904.9 | 874.0 | 54.1 | 45.9 |
| 天津 | 826.2 | 369.8 | 55.2 | 44.8 |
| 河北 | 1949.8 | 949.2 | 51.3 | 48.7 |
| 山西 | 1102.1 | 479.5 | 56.5 | 43.5 |
| 内蒙古 | 932.2 | 463.1 | 50.3 | 49.7 |
| 辽宁 | 2150.4 | 1111.2 | 48.3 | 51.7 |
| 吉林 | 953.8 | 491.4 | 48.5 | 51.5 |
| 黑龙江 | 1523.9 | 768.4 | 49.6 | 50.4 |
| 上海 | 1689.4 | 805.8 | 52.3 | 47.7 |
| 江苏 | 3752.0 | 1872.2 | 50.1 | 49.9 |
| 浙江 | 3573.6 | 1898.0 | 46.9 | 53.1 |
| 安徽 | 1688.0 | 812.4 | 51.9 | 48.1 |
| 福建 | 1788.9 | 909.4 | 49.2 | 50.8 |
| 江西 | 1435.6 | 710.9 | 50.5 | 49.5 |
| 山东 | 3424.1 | 1559.9 | 54.4 | 45.6 |
| 河南 | 2578.2 | 1201.4 | 53.4 | 46.6 |
| 湖北 | 2048.0 | 930.6 | 45.7 | 54.3 |
| 湖南 | 2018.6 | 971.2 | 51.9 | 48.1 |
| 广东 | 5368.9 | 2443.5 | 54.5 | 45.5 |
| 广西 | 1069.6 | 545.3 | 49.0 | 51.0 |
| 海南 | 373.6 | 177.7 | 52.4 | 47.6 |
| 重庆 | 1475.4 | 720.6 | 51.2 | 48.8 |
| 四川 | 3426.3 | 1732.2 | 49.4 | 50.6 |
| 贵州 | 794.3 | 345.7 | 56.5 | 43.5 |
| 云南 | 883.6 | 426.3 | 51.8 | 48.2 |
| 西藏 | 67.3 | 32.6 | 51.6 | 48.4 |
| 陕西 | 1346.8 | 605.5 | 55.0 | 45.0 |
| 甘肃 | 532.5 | 233.8 | 56.1 | 43.9 |
| 青海 | 188.0 | 84.8 | 54.9 | 45.1 |
| 宁夏 | 292.0 | 147.2 | 49.6 | 50.4 |
| 新疆 | 669.2 | 333.5 | 50.2 | 49.8 |
| 新疆兵团 | 198.7 | 96.2 | 51.6 | 48.4 |
| 不分地区 | 27.8 | 11.4 | 59.0 | 41.0 |

资料来源:人力资源社会保障部。
注:女性数据为不完全统计数。

## 表11.18 2023年城乡居民基本养老保险参保人数及性别构成

| 地　区 | 参保人数（万人） | #女 | 性别构成(%) 男 | 女 |
|---|---|---|---|---|
| **全　国** | **54522.5** | **27251.5** | **50.0** | **50.0** |
| 北　京 | 181.0 | 102.4 | 43.4 | 56.6 |
| 天　津 | 172.2 | 93.7 | 45.6 | 54.4 |
| 河　北 | 3527.3 | 1819.0 | 48.4 | 51.6 |
| 山　西 | 1623.2 | 842.2 | 48.1 | 51.9 |
| 内蒙古 | 815.5 | 380.9 | 53.3 | 46.7 |
| 辽　宁 | 1020.4 | 525.8 | 48.5 | 51.5 |
| 吉　林 | 942.7 | 474.1 | 49.7 | 50.3 |
| 黑龙江 | 892.7 | 443.4 | 50.3 | 49.7 |
| 上　海 | 71.8 | 38.8 | 46.0 | 54.0 |
| 江　苏 | 2351.9 | 1234.9 | 47.5 | 52.5 |
| 浙　江 | 1032.8 | 512.9 | 50.3 | 49.7 |
| 安　徽 | 3408.0 | 1735.7 | 49.1 | 50.9 |
| 福　建 | 1595.0 | 810.5 | 49.2 | 50.8 |
| 江　西 | 1951.5 | 957.9 | 50.9 | 49.1 |
| 山　东 | 4566.3 | 2391.9 | 47.6 | 52.4 |
| 河　南 | 5280.1 | 2652.7 | 49.8 | 50.2 |
| 湖　北 | 2507.4 | 1232.8 | 50.8 | 49.2 |
| 湖　南 | 3413.0 | 1658.5 | 51.4 | 48.6 |
| 广　东 | 2760.0 | 1399.6 | 49.3 | 50.7 |
| 广　西 | 2671.8 | 1124.5 | 57.9 | 42.1 |
| 海　南 | 341.8 | 172.8 | 49.4 | 50.6 |
| 重　庆 | 1175.0 | 571.8 | 51.3 | 48.7 |
| 四　川 | 3150.1 | 1520.3 | 51.7 | 48.3 |
| 贵　州 | 1941.8 | 964.4 | 50.3 | 49.7 |
| 云　南 | 2491.1 | 1235.4 | 50.4 | 49.6 |
| 西　藏 | 176.2 | 89.5 | 49.2 | 50.8 |
| 陕　西 | 1812.4 | 923.9 | 49.0 | 51.0 |
| 甘　肃 | 1379.0 | 696.4 | 49.5 | 50.5 |
| 青　海 | 263.4 | 133.4 | 49.4 | 50.6 |
| 宁　夏 | 232.1 | 116.9 | 49.6 | 50.4 |
| 新　疆 | 753.3 | 384.6 | 48.9 | 51.1 |
| 新疆兵团 | 21.8 | 10.2 | 53.4 | 46.6 |

资料来源：人力资源社会保障部。

## 表11.19　2023年失业保险参保人数及性别构成

| 地　区 | 参保人数（万人） | #女 | 性别构成（%） | |
|---|---|---|---|---|
| | | | 男 | 女 |
| **全　国** | **24372.7** | **10353.9** | **57.5** | **42.5** |
| 北　京 | 1418.3 | 621.9 | 56.1 | 43.9 |
| 天　津 | 403.6 | 156.8 | 61.1 | 38.9 |
| 河　北 | 815.2 | 362.8 | 55.5 | 44.5 |
| 山　西 | 553.4 | 222.4 | 59.8 | 40.2 |
| 内蒙古 | 329.3 | 131.6 | 60.0 | 40.0 |
| 辽　宁 | 680.1 | 263.1 | 61.3 | 38.7 |
| 吉　林 | 282.7 | 125.6 | 55.6 | 44.4 |
| 黑龙江 | 333.2 | 126.0 | 62.2 | 37.8 |
| 上　海 | 1023.5 | 446.0 | 56.4 | 43.6 |
| 江　苏 | 2040.9 | 883.6 | 56.7 | 43.3 |
| 浙　江 | 1886.0 | 811.4 | 57.0 | 43.0 |
| 安　徽 | 700.4 | 286.2 | 59.1 | 40.9 |
| 福　建 | 763.1 | 354.3 | 53.6 | 46.4 |
| 江　西 | 402.6 | 176.2 | 56.2 | 43.8 |
| 山　东 | 1615.8 | 696.5 | 56.9 | 43.1 |
| 河　南 | 1147.8 | 431.9 | 62.4 | 37.6 |
| 湖　北 | 752.9 | 228.9 | 69.6 | 30.4 |
| 湖　南 | 740.4 | 301.0 | 59.3 | 40.7 |
| 广　东 | 3794.8 | 1643.4 | 56.7 | 43.3 |
| 广　西 | 540.8 | 242.1 | 55.2 | 44.8 |
| 海　南 | 224.0 | 102.8 | 54.1 | 45.9 |
| 重　庆 | 625.2 | 274.9 | 56.0 | 44.0 |
| 四　川 | 1191.3 | 547.3 | 54.1 | 45.9 |
| 贵　州 | 349.2 | 158.8 | 54.5 | 45.5 |
| 云　南 | 375.7 | 174.2 | 53.6 | 46.4 |
| 西　藏 | 36.2 | 19.0 | 47.5 | 52.5 |
| 陕　西 | 531.2 | 217.2 | 59.1 | 40.9 |
| 甘　肃 | 210.1 | 87.5 | 58.3 | 41.7 |
| 青　海 | 68.1 | 30.2 | 55.7 | 44.3 |
| 宁　夏 | 122.5 | 44.2 | 63.9 | 36.1 |
| 新　疆 | 337.5 | 155.2 | 54.0 | 46.0 |
| 新疆兵团 | 77.1 | 30.7 | 60.2 | 39.8 |

资料来源：人力资源社会保障部。

## 表11.20 2023年工伤保险参保人数及性别构成

| 地区 | 参保人数（万人） | #女 | 性别构成(%) 男 | 女 |
|---|---|---|---|---|
| **全国** | **30173.6** | **11598.3** | **61.6** | **38.4** |
| 北京 | 1366.9 | 590.5 | 56.8 | 43.2 |
| 天津 | 412.8 | 155.0 | 62.4 | 37.6 |
| 河北 | 1153.5 | 428.7 | 62.8 | 37.2 |
| 山西 | 669.6 | 197.5 | 70.5 | 29.5 |
| 内蒙古 | 361.8 | 146.4 | 59.5 | 40.5 |
| 辽宁 | 812.4 | 332.6 | 59.1 | 40.9 |
| 吉林 | 351.0 | 147.9 | 57.8 | 42.2 |
| 黑龙江 | 456.0 | 162.7 | 64.3 | 35.7 |
| 上海 | 1188.2 | 438.8 | 63.1 | 36.9 |
| 江苏 | 2426.1 | 951.1 | 60.8 | 39.2 |
| 浙江 | 2792.4 | 978.3 | 65.0 | 35.0 |
| 安徽 | 920.9 | 340.1 | 63.1 | 36.9 |
| 福建 | 1064.6 | 421.1 | 60.4 | 39.6 |
| 江西 | 593.4 | 236.8 | 60.1 | 39.9 |
| 山东 | 2045.6 | 743.9 | 63.6 | 36.4 |
| 河南 | 1128.2 | 461.1 | 59.1 | 40.9 |
| 湖北 | 912.0 | 350.6 | 61.6 | 38.4 |
| 湖南 | 994.7 | 366.1 | 63.2 | 36.8 |
| 广东 | 4270.3 | 1778.4 | 58.4 | 41.6 |
| 广西 | 637.0 | 288.8 | 54.7 | 45.3 |
| 海南 | 196.6 | 88.4 | 55.1 | 44.9 |
| 重庆 | 754.7 | 252.5 | 66.5 | 33.5 |
| 四川 | 1584.8 | 580.6 | 63.4 | 36.6 |
| 贵州 | 626.1 | 212.9 | 66.0 | 34.0 |
| 云南 | 606.6 | 237.7 | 60.8 | 39.2 |
| 西藏 | 67.7 | 22.8 | 66.3 | 33.7 |
| 陕西 | 696.8 | 266.1 | 61.8 | 38.2 |
| 甘肃 | 297.4 | 109.9 | 63.1 | 36.9 |
| 青海 | 117.6 | 42.2 | 64.1 | 35.9 |
| 宁夏 | 148.5 | 59.3 | 60.1 | 39.9 |
| 新疆 | 424.5 | 174.7 | 58.8 | 41.2 |
| 新疆兵团 | 94.9 | 34.8 | 63.3 | 36.7 |

资料来源：人力资源社会保障部。

## 表11.21 2023年生育保险参保人数及性别构成

| 地区 | 参保人数（万人） | #女 | 性别构成（%） 男 | 女 |
|---|---|---|---|---|
| **全国** | **24903.1** | **10912.4** | **56.2** | **43.8** |
| 北京 | 1070.8 | 471.3 | 56.0 | 44.0 |
| 天津 | 425.7 | 189.4 | 55.5 | 44.5 |
| 河北 | 909.8 | 393.8 | 56.7 | 43.3 |
| 山西 | 490.6 | 190.3 | 61.2 | 38.8 |
| 内蒙古 | 371.4 | 151.5 | 59.2 | 40.8 |
| 辽宁 | 704.4 | 300.1 | 57.4 | 42.6 |
| 吉林 | 314.2 | 137.5 | 56.2 | 43.8 |
| 黑龙江 | 388.3 | 154.9 | 60.1 | 39.9 |
| 上海 | 1082.1 | 479.1 | 55.7 | 44.3 |
| 江苏 | 2175.8 | 929.1 | 57.3 | 42.7 |
| 浙江 | 2235.9 | 971.5 | 56.5 | 43.5 |
| 安徽 | 782.2 | 337.9 | 56.8 | 43.2 |
| 福建 | 732.2 | 339.7 | 53.6 | 46.4 |
| 江西 | 412.3 | 182.2 | 55.8 | 44.2 |
| 山东 | 1696.5 | 739.6 | 56.4 | 43.6 |
| 河南 | 943.3 | 424.2 | 55.0 | 45.0 |
| 湖北 | 799.1 | 350.5 | 56.1 | 43.9 |
| 湖南 | 703.5 | 325.7 | 53.7 | 46.3 |
| 广东 | 3902.8 | 1695.9 | 56.5 | 43.5 |
| 广西 | 513.8 | 252.9 | 50.8 | 49.2 |
| 海南 | 196.6 | 86.8 | 55.8 | 44.2 |
| 重庆 | 539.0 | 246.4 | 54.3 | 45.7 |
| 四川 | 1218.9 | 555.4 | 54.4 | 45.6 |
| 贵州 | 372.9 | 169.5 | 54.5 | 45.5 |
| 云南 | 397.3 | 182.1 | 54.2 | 45.8 |
| 西藏 | 45.1 | 20.6 | 54.3 | 45.7 |
| 陕西 | 589.8 | 247.7 | 58.0 | 42.0 |
| 甘肃 | 265.4 | 111.6 | 58.0 | 42.0 |
| 青海 | 72.7 | 31.4 | 56.8 | 43.2 |
| 宁夏 | 119.0 | 53.2 | 55.3 | 44.7 |
| 新疆 | 353.3 | 160.1 | 54.7 | 45.3 |
| 新疆兵团 | 78.7 | 30.8 | 60.9 | 39.1 |

资料来源：国家医疗保障局。

## 表11.22　2023年实现就业的就业困难人数及性别构成

| 地　区 | 人 数<br>(人) | #女 | 性别构成(%) | |
|---|---|---|---|---|
| | | | 男 | 女 |
| **全　国** | **2684282** | **1469944** | **45.2** | **54.8** |
| 北　京 | 167535 | 85456 | 49.0 | 51.0 |
| 天　津 | 39707 | 23594 | 40.6 | 59.4 |
| 河　北 | 101231 | 41946 | 58.6 | 41.4 |
| 山　西 | 34812 | 13297 | 61.8 | 38.2 |
| 内蒙古 | 72580 | 42171 | 41.9 | 58.1 |
| 辽　宁 | 79724 | 42689 | 46.5 | 53.5 |
| 吉　林 | 64659 | 34958 | 45.9 | 54.1 |
| 黑龙江 | 104935 | 52414 | 50.1 | 49.9 |
| 上　海 | 66542 | 35464 | 46.7 | 53.3 |
| 江　苏 | 205074 | 116615 | 43.1 | 56.9 |
| 浙　江 | 107011 | 51315 | 52.0 | 48.0 |
| 安　徽 | 55226 | 25139 | 54.5 | 45.5 |
| 福　建 | 37058 | 20804 | 43.9 | 56.1 |
| 江　西 | 50657 | 26475 | 47.7 | 52.3 |
| 山　东 | 163010 | 102959 | 36.8 | 63.2 |
| 河　南 | 109155 | 58012 | 46.9 | 53.1 |
| 湖　北 | 339511 | 199934 | 41.1 | 58.9 |
| 湖　南 | 85109 | 50361 | 40.8 | 59.2 |
| 广　东 | 96960 | 55911 | 42.3 | 57.7 |
| 广　西 | 45526 | 28152 | 38.2 | 61.8 |
| 海　南 | 15317 | 7955 | 48.1 | 51.9 |
| 重　庆 | 149313 | 87864 | 41.2 | 58.8 |
| 四　川 | 94932 | 49424 | 47.9 | 52.1 |
| 贵　州 | 70868 | 34274 | 51.6 | 48.4 |
| 云　南 | 137121 | 77007 | 43.8 | 56.2 |
| 西　藏 | 1723 | 297 | 82.8 | 17.2 |
| 陕　西 | 36311 | 17172 | 52.7 | 47.3 |
| 甘　肃 | 60815 | 36050 | 40.7 | 59.3 |
| 青　海 | 12891 | 5814 | 54.9 | 45.1 |
| 宁　夏 | 11886 | 8044 | 32.3 | 67.7 |
| 新　疆 | 57421 | 32949 | 42.6 | 57.4 |
| 新疆兵团 | 9662 | 5428 | 43.8 | 56.2 |

资料来源:人力资源社会保障部。

## 表11.23　2023年残疾人就业人数及性别构成

| 地　区 | 人　数（人） | #女 | 性别构成(%) | |
|---|---|---|---|---|
| | | | 男 | 女 |
| **全　国** | **9060511** | **2710258** | **70.1** | **29.9** |
| 北　京 | 99366 | 31195 | 68.6 | 31.4 |
| 天　津 | 59569 | 20030 | 66.4 | 33.6 |
| 河　北 | 403902 | 120037 | 70.3 | 29.7 |
| 山　西 | 234767 | 66965 | 71.5 | 28.5 |
| 内蒙古 | 191525 | 60249 | 68.5 | 31.5 |
| 辽　宁 | 232571 | 67985 | 70.8 | 29.2 |
| 吉　林 | 170013 | 51617 | 69.6 | 30.4 |
| 黑龙江 | 217448 | 64740 | 70.2 | 29.8 |
| 上　海 | 64863 | 22259 | 65.7 | 34.3 |
| 江　苏 | 406754 | 133035 | 67.3 | 32.7 |
| 浙　江 | 327314 | 101806 | 68.9 | 31.1 |
| 安　徽 | 504593 | 158257 | 68.6 | 31.4 |
| 福　建 | 213836 | 63353 | 70.4 | 29.6 |
| 江　西 | 412491 | 126865 | 69.2 | 30.8 |
| 山　东 | 594252 | 164528 | 72.3 | 27.7 |
| 河　南 | 537762 | 162874 | 69.7 | 30.3 |
| 湖　北 | 368373 | 107992 | 70.7 | 29.3 |
| 湖　南 | 418801 | 113117 | 73.0 | 27.0 |
| 广　东 | 479517 | 152151 | 68.3 | 31.7 |
| 广　西 | 365248 | 104874 | 71.3 | 28.7 |
| 海　南 | 39485 | 11466 | 71.0 | 29.0 |
| 重　庆 | 229939 | 65744 | 71.4 | 28.6 |
| 四　川 | 846054 | 256151 | 69.7 | 30.3 |
| 贵　州 | 386889 | 101140 | 73.9 | 26.1 |
| 云　南 | 415029 | 119492 | 71.2 | 28.8 |
| 西　藏 | 21010 | 8602 | 59.1 | 40.9 |
| 陕　西 | 255308 | 74410 | 70.9 | 29.1 |
| 甘　肃 | 252049 | 75757 | 69.9 | 30.1 |
| 青　海 | 50669 | 17552 | 65.4 | 34.6 |
| 宁　夏 | 68157 | 22220 | 67.4 | 32.6 |
| 新　疆 | 192957 | 63795 | 66.9 | 33.1 |

资料来源：中国残联。

## 表11.24 2023年城市居民最低生活保障人数及性别构成

| 地 区 | 城市居民最低生活保障人数(人) | #女 | 性别构成(%) | |
|---|---|---|---|---|
| | | | 男 | 女 |
| **全 国** | **6636455** | **3118285** | **53.0** | **47.0** |
| 北 京 | 69136 | 29987 | 56.6 | 43.4 |
| 天 津 | 62326 | 27440 | 56.0 | 44.0 |
| 河 北 | 138381 | 66148 | 52.2 | 47.8 |
| 山 西 | 160419 | 77925 | 51.4 | 48.6 |
| 内蒙古 | 242027 | 119676 | 50.6 | 49.4 |
| 辽 宁 | 254448 | 108537 | 57.3 | 42.7 |
| 吉 林 | 280234 | 134436 | 52.0 | 48.0 |
| 黑龙江 | 424029 | 192639 | 54.6 | 45.4 |
| 上 海 | 124456 | 51694 | 58.5 | 41.5 |
| 江 苏 | 82045 | 34257 | 58.2 | 41.8 |
| 浙 江 | 55961 | 21718 | 61.2 | 38.8 |
| 安 徽 | 261515 | 123215 | 52.9 | 47.1 |
| 福 建 | 70946 | 33013 | 53.5 | 46.5 |
| 江 西 | 290804 | 127382 | 56.2 | 43.8 |
| 山 东 | 90052 | 41499 | 53.9 | 46.1 |
| 河 南 | 305837 | 149916 | 51.0 | 49.0 |
| 湖 北 | 237047 | 110210 | 53.5 | 46.5 |
| 湖 南 | 323431 | 152893 | 52.7 | 47.3 |
| 广 东 | 146011 | 69485 | 52.4 | 47.6 |
| 广 西 | 407332 | 195242 | 52.1 | 47.9 |
| 海 南 | 32435 | 14466 | 55.4 | 44.6 |
| 重 庆 | 210589 | 91713 | 56.4 | 43.6 |
| 四 川 | 514327 | 232396 | 54.8 | 45.2 |
| 贵 州 | 576856 | 273869 | 52.5 | 47.5 |
| 云 南 | 374976 | 181998 | 51.5 | 48.5 |
| 西 藏 | 23006 | 10256 | 55.4 | 44.6 |
| 陕 西 | 157010 | 79578 | 49.3 | 50.7 |
| 甘 肃 | 308629 | 144765 | 53.1 | 46.9 |
| 青 海 | 72428 | 39830 | 45.0 | 55.0 |
| 宁 夏 | 75030 | 38487 | 48.7 | 51.3 |
| 新 疆 | 264732 | 143615 | 45.8 | 54.2 |

资料来源：民政部。

## 表11.25 2023年农村居民最低生活保障人数及性别构成

| 地 区 | 农村居民最低生活保障人数（人） | #女 | 性别构成（%） 男 | 女 |
|---|---|---|---|---|
| **全 国** | **33997379** | **16154347** | **52.5** | **47.5** |
| 北 京 | 35347 | 15297 | 56.7 | 43.3 |
| 天 津 | 57160 | 23959 | 58.1 | 41.9 |
| 河 北 | 1478976 | 698542 | 52.8 | 47.2 |
| 山 西 | 862506 | 433181 | 49.8 | 50.2 |
| 内蒙古 | 1324981 | 718099 | 45.8 | 54.2 |
| 辽 宁 | 609924 | 288167 | 52.8 | 47.2 |
| 吉 林 | 516899 | 263420 | 49.0 | 51.0 |
| 黑龙江 | 872769 | 445063 | 49.0 | 51.0 |
| 上 海 | 30124 | 14881 | 50.6 | 49.4 |
| 江 苏 | 564053 | 232108 | 58.8 | 41.2 |
| 浙 江 | 499635 | 192351 | 61.5 | 38.5 |
| 安 徽 | 1677722 | 785606 | 53.2 | 46.8 |
| 福 建 | 527269 | 237738 | 54.9 | 45.1 |
| 江 西 | 1443382 | 634045 | 56.1 | 43.9 |
| 山 东 | 1307397 | 602684 | 53.9 | 46.1 |
| 河 南 | 2757519 | 1355299 | 50.9 | 49.1 |
| 湖 北 | 1251329 | 581223 | 53.6 | 46.4 |
| 湖 南 | 1470804 | 696025 | 52.7 | 47.3 |
| 广 东 | 1099334 | 508055 | 53.8 | 46.2 |
| 广 西 | 2428034 | 1143866 | 52.9 | 47.1 |
| 海 南 | 145968 | 67434 | 53.8 | 46.2 |
| 重 庆 | 567470 | 257760 | 54.6 | 45.4 |
| 四 川 | 3582205 | 1713049 | 52.2 | 47.8 |
| 贵 州 | 1714646 | 812658 | 52.6 | 47.4 |
| 云 南 | 2324665 | 1111355 | 52.2 | 47.8 |
| 西 藏 | 142398 | 65155 | 54.2 | 45.8 |
| 陕 西 | 1092006 | 512878 | 53.0 | 47.0 |
| 甘 肃 | 1590889 | 646178 | 59.4 | 40.6 |
| 青 海 | 285352 | 147812 | 48.2 | 51.8 |
| 宁 夏 | 366799 | 184336 | 49.7 | 50.3 |
| 新 疆 | 1369817 | 766123 | 44.1 | 55.9 |

资料来源：民政部。

## 表11.26　2023年城乡居民最低生活保障平均标准

| 地　区 | 城市平均低保标准（元/人月） | 农村平均低保标准（元/人月） |
|---|---|---|
| **全　国** | **785.9** | **621.3** |
| 北　京 | 1395.0 | 1395.0 |
| 天　津 | 1010.0 | 1010.0 |
| 河　北 | 757.6 | 569.6 |
| 山　西 | 651.5 | 545.6 |
| 内蒙古 | 835.6 | 660.6 |
| 辽　宁 | 750.7 | 590.0 |
| 吉　林 | 612.4 | 444.6 |
| 黑龙江 | 710.6 | 534.9 |
| 上　海 | 1510.0 | 1510.0 |
| 江　苏 | 847.3 | 832.2 |
| 浙　江 | 1148.2 | 1148.2 |
| 安　徽 | 786.9 | 761.8 |
| 福　建 | 841.6 | 834.8 |
| 江　西 | 881.0 | 680.1 |
| 山　东 | 944.0 | 769.3 |
| 河　南 | 641.2 | 458.7 |
| 湖　北 | 739.6 | 594.0 |
| 湖　南 | 657.0 | 487.4 |
| 广　东 | 983.4 | 796.7 |
| 广　西 | 785.7 | 520.2 |
| 海　南 | 685.4 | 643.3 |
| 重　庆 | 735.0 | 610.1 |
| 四　川 | 762.1 | 578.0 |
| 贵　州 | 733.3 | 539.8 |
| 云　南 | 730.7 | 513.2 |
| 西　藏 | 971.7 | 448.0 |
| 陕　西 | 702.7 | 500.8 |
| 甘　肃 | 723.2 | 476.6 |
| 青　海 | 719.1 | 471.6 |
| 宁　夏 | 649.1 | 492.4 |
| 新　疆 | 676.1 | 540.8 |

资料来源：民政部。

## 表11.27 2023年城市特困人员人数及性别构成

| 地区 | 人数（人） | #女 | 性别构成(%) | |
|---|---|---|---|---|
| | | | 男 | 女 |
| **全国** | **373414** | **73713** | **80.3** | **19.7** |
| 北京 | 1532 | 374 | 75.6 | 24.4 |
| 天津 | 1941 | 493 | 74.6 | 25.4 |
| 河北 | 5493 | 1310 | 76.2 | 23.8 |
| 山西 | 4318 | 607 | 85.9 | 14.1 |
| 内蒙古 | 12487 | 2108 | 83.1 | 16.9 |
| 辽宁 | 13816 | 3549 | 74.3 | 25.7 |
| 吉林 | 10532 | 2741 | 74.0 | 26.0 |
| 黑龙江 | 16321 | 4156 | 74.5 | 25.5 |
| 上海 | 3750 | 295 | 92.1 | 7.9 |
| 江苏 | 9892 | 2735 | 72.4 | 27.6 |
| 浙江 | 3734 | 987 | 73.6 | 26.4 |
| 安徽 | 14486 | 1892 | 86.9 | 13.1 |
| 福建 | 6948 | 1652 | 76.2 | 23.8 |
| 江西 | 11469 | 2935 | 74.4 | 25.6 |
| 山东 | 6838 | 2042 | 70.1 | 29.9 |
| 河南 | 12240 | 2770 | 77.4 | 22.6 |
| 湖北 | 15781 | 3951 | 75.0 | 25.0 |
| 湖南 | 19744 | 5180 | 73.8 | 26.2 |
| 广东 | 22151 | 7061 | 68.1 | 31.9 |
| 广西 | 24326 | 4858 | 80.0 | 20.0 |
| 海南 | 2169 | 438 | 79.8 | 20.2 |
| 重庆 | 75093 | 5053 | 93.3 | 6.7 |
| 四川 | 36371 | 5736 | 84.2 | 15.8 |
| 贵州 | 9862 | 1864 | 81.1 | 18.9 |
| 云南 | 10540 | 2662 | 74.7 | 25.3 |
| 西藏 | 397 | 188 | 52.6 | 47.4 |
| 陕西 | 5488 | 1274 | 76.8 | 23.2 |
| 甘肃 | 6029 | 1783 | 70.4 | 29.6 |
| 青海 | 2173 | 785 | 63.9 | 36.1 |
| 宁夏 | 1344 | 344 | 74.4 | 25.6 |
| 新疆 | 6149 | 1890 | 69.3 | 30.7 |

资料来源：民政部。

## 表11.28　2023年农村特困人员人数及性别构成

| 地　区 | 人　数（人） | #女 | 性别构成（%） 男 | 女 |
|---|---|---|---|---|
| **全　国** | **4353738** | **414173** | **90.5** | **9.5** |
| 北　京 | 5012 | 337 | 93.3 | 6.7 |
| 天　津 | 10003 | 968 | 90.3 | 9.7 |
| 河　北 | 249307 | 15423 | 93.8 | 6.2 |
| 山　西 | 123712 | 5820 | 95.3 | 4.7 |
| 内蒙古 | 85980 | 4699 | 94.5 | 5.5 |
| 辽　宁 | 125689 | 14600 | 88.4 | 11.6 |
| 吉　林 | 76327 | 9912 | 87.0 | 13.0 |
| 黑龙江 | 92618 | 16157 | 82.6 | 17.4 |
| 上　海 | 1738 | 305 | 82.5 | 17.5 |
| 江　苏 | 191587 | 13123 | 93.2 | 6.8 |
| 浙　江 | 30562 | 1671 | 94.5 | 5.5 |
| 安　徽 | 315169 | 26275 | 91.7 | 8.3 |
| 福　建 | 61354 | 5167 | 91.6 | 8.4 |
| 江　西 | 123439 | 19937 | 83.8 | 16.2 |
| 山　东 | 336031 | 21665 | 93.6 | 6.4 |
| 河　南 | 470477 | 40877 | 91.3 | 8.7 |
| 湖　北 | 237274 | 26392 | 88.9 | 11.1 |
| 湖　南 | 353532 | 37924 | 89.3 | 10.7 |
| 广　东 | 198363 | 15157 | 92.4 | 7.6 |
| 广　西 | 241738 | 20168 | 91.7 | 8.3 |
| 海　南 | 23394 | 2415 | 89.7 | 10.3 |
| 重　庆 | 100875 | 5975 | 94.1 | 5.9 |
| 四　川 | 400573 | 34803 | 91.3 | 8.7 |
| 贵　州 | 100890 | 9289 | 90.8 | 9.2 |
| 云　南 | 123786 | 22971 | 81.4 | 18.6 |
| 西　藏 | 12223 | 7201 | 41.1 | 58.9 |
| 陕　西 | 125780 | 8880 | 92.9 | 7.1 |
| 甘　肃 | 96842 | 14321 | 85.2 | 14.8 |
| 青　海 | 15909 | 5082 | 68.1 | 31.9 |
| 宁　夏 | 7982 | 1799 | 77.5 | 22.5 |
| 新　疆 | 15572 | 4860 | 68.8 | 31.2 |

资料来源：民政部。

## 表11.29 2023年结婚登记情况

| 地区 | 结婚登记（万对） | 内地居民 | 涉外及华侨港澳台居民（对） | 结婚登记人数（万人） | 初婚 | 再婚 | 结婚率（‰） |
|---|---|---|---|---|---|---|---|
| **全国** | **768.2** | **763.2** | **49668** | **1536.4** | **1194.0** | **342.4** | **5.5** |
| 北京 | 13.7 | 13.7 | 685 | 27.5 | 19.5 | 8.0 | 6.3 |
| 天津 | 8.4 | 8.3 | 263 | 16.8 | 13.7 | 3.1 | 6.1 |
| 河北 | 37.1 | 37.0 | 1332 | 74.2 | 56.8 | 17.4 | 5.0 |
| 山西 | 20.6 | 20.6 | 309 | 41.2 | 34.0 | 7.2 | 5.9 |
| 内蒙古 | 14.2 | 14.2 | 256 | 28.5 | 19.8 | 8.7 | 5.9 |
| 辽宁 | 22.8 | 22.8 | 767 | 45.7 | 36.1 | 9.5 | 5.5 |
| 吉林 | 13.8 | 13.7 | 531 | 27.6 | 20.6 | 7.0 | 5.9 |
| 黑龙江 | 17.9 | 17.9 | 681 | 35.9 | 21.3 | 14.6 | 5.8 |
| 上海 | 10.4 | 10.3 | 1319 | 20.8 | 15.3 | 5.6 | 4.2 |
| 江苏 | 45.3 | 45.1 | 1503 | 90.6 | 75.9 | 14.7 | 5.3 |
| 浙江 | 30.1 | 29.8 | 2425 | 60.1 | 48.2 | 12.0 | 4.6 |
| 安徽 | 35.5 | 35.3 | 2720 | 71.1 | 53.1 | 18.0 | 5.8 |
| 福建 | 18.1 | 17.5 | 5655 | 36.2 | 27.9 | 8.3 | 4.3 |
| 江西 | 22.2 | 22.0 | 1852 | 44.3 | 35.5 | 8.8 | 4.9 |
| 山东 | 48.2 | 48.0 | 1350 | 96.3 | 71.9 | 24.4 | 4.8 |
| 河南 | 57.4 | 57.2 | 1997 | 114.8 | 96.8 | 18.0 | 5.8 |
| 湖北 | 29.3 | 29.2 | 1587 | 58.7 | 46.7 | 11.9 | 5.0 |
| 湖南 | 30.3 | 30.0 | 2754 | 60.5 | 45.5 | 15.1 | 4.6 |
| 广东 | 63.2 | 62.2 | 9939 | 126.4 | 107.1 | 19.3 | 5.0 |
| 广西 | 25.2 | 24.9 | 2710 | 50.3 | 39.9 | 10.5 | 5.0 |
| 海南 | 5.7 | 5.6 | 422 | 11.4 | 9.4 | 2.0 | 5.5 |
| 重庆 | 18.4 | 18.3 | 799 | 36.7 | 25.3 | 11.4 | 5.7 |
| 四川 | 48.0 | 47.8 | 1847 | 96.0 | 70.3 | 25.7 | 5.7 |
| 贵州 | 29.5 | 29.4 | 678 | 58.9 | 45.5 | 13.4 | 7.6 |
| 云南 | 28.8 | 28.4 | 4102 | 57.6 | 44.5 | 13.1 | 6.2 |
| 西藏 | 3.0 | 2.9 | 10 | 5.9 | 5.4 | 0.5 | 8.1 |
| 陕西 | 23.5 | 23.4 | 739 | 47.0 | 36.3 | 10.7 | 5.9 |
| 甘肃 | 16.4 | 16.4 | 249 | 32.8 | 27.8 | 5.1 | 6.6 |
| 青海 | 4.7 | 4.7 | 28 | 9.4 | 7.5 | 1.9 | 7.9 |
| 宁夏 | 5.1 | 5.1 | 53 | 10.1 | 8.0 | 2.1 | 7.0 |
| 新疆 | 21.5 | 21.5 | 106 | 43.0 | 28.6 | 14.4 | 8.3 |

资料来源：民政部。

## 表11.30　2023年分年龄组结婚登记人数

单位：万人

| 地　区 | 合 计 | 20–24岁 | 25–29岁 | 30–34岁 | 35–39岁 | 40岁及以上 |
|---|---|---|---|---|---|---|
| **全　国** | **1536.4** | **212.5** | **583.2** | **323.9** | **147.9** | **268.8** |
| 北　京 | 27.5 | 0.9 | 9.9 | 7.8 | 3.3 | 5.6 |
| 天　津 | 16.8 | 1.2 | 5.8 | 4.1 | 2.4 | 3.3 |
| 河　北 | 74.2 | 16.9 | 25.9 | 14.2 | 7.5 | 9.7 |
| 山　西 | 41.2 | 3.9 | 18.7 | 8.3 | 3.0 | 7.3 |
| 内蒙古 | 28.5 | 2.2 | 11.4 | 6.2 | 2.9 | 5.8 |
| 辽　宁 | 45.7 | 4.0 | 16.6 | 10.0 | 5.1 | 9.9 |
| 吉　林 | 27.6 | 2.1 | 8.1 | 5.8 | 3.2 | 8.3 |
| 黑龙江 | 35.9 | 2.6 | 9.9 | 6.8 | 4.1 | 12.4 |
| 上　海 | 20.8 | 0.6 | 7.6 | 6.0 | 2.4 | 4.2 |
| 江　苏 | 90.6 | 8.2 | 32.9 | 18.1 | 7.7 | 23.6 |
| 浙　江 | 60.1 | 4.5 | 22.3 | 12.2 | 4.9 | 16.3 |
| 安　徽 | 71.1 | 10.4 | 26.3 | 14.5 | 6.0 | 13.9 |
| 福　建 | 36.2 | 4.5 | 13.4 | 8.9 | 3.8 | 5.5 |
| 江　西 | 44.3 | 8.9 | 17.7 | 8.2 | 3.6 | 5.9 |
| 山　东 | 96.3 | 17.9 | 39.3 | 16.8 | 9.4 | 12.9 |
| 河　南 | 114.8 | 22.7 | 39.9 | 22.3 | 10.0 | 19.8 |
| 湖　北 | 58.7 | 4.4 | 19.4 | 15.4 | 6.5 | 13.0 |
| 湖　南 | 60.5 | 10.1 | 21.5 | 13.3 | 6.8 | 8.9 |
| 广　东 | 126.4 | 13.8 | 57.3 | 32.2 | 11.0 | 12.0 |
| 广　西 | 50.3 | 8.4 | 16.9 | 11.2 | 6.6 | 7.3 |
| 海　南 | 11.4 | 1.4 | 4.0 | 2.8 | 1.2 | 1.9 |
| 重　庆 | 36.7 | 3.8 | 15.0 | 7.5 | 3.6 | 6.8 |
| 四　川 | 96.0 | 13.5 | 38.6 | 18.7 | 8.8 | 16.4 |
| 贵　州 | 58.9 | 12.1 | 22.1 | 10.2 | 5.5 | 9.0 |
| 云　南 | 57.6 | 11.7 | 21.6 | 10.3 | 5.4 | 8.6 |
| 西　藏 | 5.9 | 1.4 | 2.0 | 1.0 | 0.6 | 1.0 |
| 陕　西 | 47.0 | 3.9 | 21.3 | 12.0 | 4.7 | 5.1 |
| 甘　肃 | 32.8 | 4.8 | 14.6 | 7.2 | 2.5 | 3.8 |
| 青　海 | 9.4 | 2.1 | 3.3 | 1.7 | 0.7 | 1.6 |
| 宁　夏 | 10.1 | 2.2 | 4.2 | 1.7 | 0.7 | 1.4 |
| 新　疆 | 43.0 | 7.1 | 15.6 | 8.6 | 4.1 | 7.5 |

资料来源：民政部。

## 表11.31　2023年离婚情况

| 地　区 | 离　婚（万对） | 民政部门登记 | | | 法院部门办理（万件） | 离婚率（‰） |
|---|---|---|---|---|---|---|
| | | | 内地居民 | 涉外及华侨港澳台居民（对） | | |
| **全　国** | **360.5** | **259.4** | **258.8** | **5835** | **101.2** | **2.6** |
| 北　京 | 5.5 | 4.6 | 4.6 | 169 | 0.9 | 2.5 |
| 天　津 | 4.9 | 3.9 | 3.9 | 201 | 1.0 | 3.6 |
| 河　北 | 17.8 | 12.6 | 12.6 | 173 | 5.2 | 2.4 |
| 山　西 | 7.4 | 4.9 | 4.9 | 15 | 2.5 | 2.1 |
| 内蒙古 | 7.1 | 5.0 | 5.0 | 18 | 2.0 | 2.9 |
| 辽　宁 | 12.0 | 9.1 | 9.1 | 128 | 3.0 | 2.9 |
| 吉　林 | 8.0 | 6.0 | 6.0 | 69 | 2.1 | 3.4 |
| 黑龙江 | 11.3 | 8.0 | 8.0 | 61 | 3.3 | 3.7 |
| 上　海 | 4.3 | 3.6 | 3.5 | 285 | 0.7 | 1.7 |
| 江　苏 | 21.4 | 16.0 | 16.0 | 194 | 5.4 | 2.5 |
| 浙　江 | 12.3 | 9.5 | 9.5 | 236 | 2.8 | 1.9 |
| 安　徽 | 18.2 | 13.4 | 13.4 | 113 | 4.8 | 3.0 |
| 福　建 | 9.0 | 6.9 | 6.8 | 512 | 2.2 | 2.2 |
| 江　西 | 10.6 | 7.6 | 7.6 | 106 | 2.9 | 2.3 |
| 山　东 | 22.0 | 15.5 | 15.5 | 114 | 6.5 | 2.2 |
| 河　南 | 27.1 | 19.3 | 19.3 | 97 | 7.8 | 2.8 |
| 湖　北 | 15.3 | 11.2 | 11.1 | 127 | 4.1 | 2.6 |
| 湖　南 | 16.6 | 11.5 | 11.4 | 139 | 5.1 | 2.5 |
| 广　东 | 22.6 | 19.1 | 18.9 | 1408 | 3.5 | 1.8 |
| 广　西 | 11.6 | 8.5 | 8.5 | 217 | 3.1 | 2.3 |
| 海　南 | 2.1 | 1.6 | 1.6 | 53 | 0.5 | 2.0 |
| 重　庆 | 10.7 | 8.4 | 8.4 | 76 | 2.4 | 3.4 |
| 四　川 | 25.2 | 17.7 | 17.7 | 151 | 7.5 | 3.0 |
| 贵　州 | 14.1 | 9.1 | 9.1 | 60 | 5.0 | 3.7 |
| 云　南 | 12.7 | 7.8 | 7.8 | 246 | 4.9 | 2.7 |
| 西　藏 | 0.7 | 0.5 | 0.5 | 34 | 0.2 | 1.9 |
| 陕　西 | 9.6 | 6.4 | 6.4 | 42 | 3.2 | 2.4 |
| 甘　肃 | 5.8 | 3.0 | 3.0 | 144 | 2.7 | 2.3 |
| 青　海 | 1.8 | 1.1 | 1.1 | 4 | 0.7 | 3.0 |
| 宁　夏 | 2.1 | 1.3 | 1.3 | 6 | 0.8 | 2.9 |
| 新　疆 | 10.9 | 6.4 | 6.3 | 637 | 4.5 | 4.2 |

资料来源：民政部。

# 表11.32　2023年全国已建工会组织的会员人数及性别构成

| 地区 | 会员人数(万人) | #女 | 性别构成(%) 男 | 性别构成(%) 女 |
|---|---|---|---|---|
| **全　国** | **25894.9** | **10201.0** | **60.6** | **39.4** |
| 中央和国家机关 | 41.9 | 19.8 | 52.6 | 47.4 |
| 北　京 | 644.1 | 233.4 | 63.8 | 36.2 |
| 天　津 | 294.2 | 112.8 | 61.7 | 38.3 |
| 河　北 | 1413.5 | 473.8 | 66.5 | 33.5 |
| 山　西 | 665.4 | 235.8 | 64.6 | 35.4 |
| 内蒙古 | 371.3 | 135.4 | 63.5 | 36.5 |
| 辽　宁 | 1069.3 | 420.4 | 60.7 | 39.3 |
| 吉　林 | 423.1 | 165.2 | 60.9 | 39.1 |
| 黑龙江 | 448.6 | 160.1 | 64.3 | 35.7 |
| 上　海 | 728.6 | 277.7 | 61.9 | 38.1 |
| 江　苏 | 2004.8 | 848.1 | 57.7 | 42.3 |
| 浙　江 | 1817.7 | 782.4 | 57.0 | 43.0 |
| 安　徽 | 1061.4 | 395.6 | 62.7 | 37.3 |
| 福　建 | 764.5 | 334.0 | 56.3 | 43.7 |
| 江　西 | 825.7 | 301.6 | 63.5 | 36.5 |
| 山　东 | 1429.7 | 561.6 | 60.7 | 39.3 |
| 河　南 | 1367.9 | 533.9 | 61.0 | 39.0 |
| 湖　北 | 1109.1 | 429.0 | 61.3 | 38.7 |
| 湖　南 | 1005.3 | 371.9 | 63.0 | 37.0 |
| 广　东 | 2179.8 | 947.6 | 56.5 | 43.5 |
| 广　西 | 539.3 | 237.6 | 56.0 | 44.0 |
| 海　南 | 152.4 | 63.3 | 58.4 | 41.6 |
| 重　庆 | 540.6 | 211.9 | 60.8 | 39.2 |
| 四　川 | 1860.0 | 736.2 | 60.4 | 39.6 |
| 贵　州 | 684.5 | 261.7 | 61.8 | 38.2 |
| 云　南 | 419.0 | 181.3 | 56.7 | 43.3 |
| 西　藏 | 65.3 | 26.3 | 59.6 | 40.4 |
| 陕　西 | 893.3 | 323.3 | 63.8 | 36.2 |
| 甘　肃 | 349.6 | 133.6 | 61.8 | 38.2 |
| 青　海 | 121.3 | 49.2 | 59.5 | 40.5 |
| 宁　夏 | 128.5 | 53.2 | 58.6 | 41.4 |
| 新　疆 | 475.1 | 183.4 | 61.4 | 38.6 |

资料来源：全国总工会。

## 表11.33 2023年社会组织职工中女性比重

单位：%

| 地 区 | 社会团体 | 基金会 | 民办非企业 |
|---|---|---|---|
| **全 国** | **26.2** | **32.2** | **53.6** |
| 中央本级 | 47.7 | 8.9 | 58.5 |
| 北 京 | 43.3 | 62.1 | 67.3 |
| 天 津 | 43.0 | 40.2 | 44.0 |
| 河 北 | 8.4 | 22.9 | 57.5 |
| 山 西 | 25.8 | 19.9 | 49.5 |
| 内蒙古 | 23.9 | 23.5 | 46.7 |
| 辽 宁 | 27.0 | 4.1 | 50.4 |
| 吉 林 | 22.3 | 20.0 | 39.6 |
| 黑龙江 | 27.8 | | 34.5 |
| 上 海 | 22.2 | 62.7 | 61.4 |
| 江 苏 | 20.0 | 17.1 | 29.7 |
| 浙 江 | 23.0 | 26.8 | 50.3 |
| 安 徽 | 26.3 | 6.8 | 46.4 |
| 福 建 | 18.4 | 25.6 | 46.0 |
| 江 西 | 18.2 | 43.2 | 46.4 |
| 山 东 | 34.0 | 22.4 | 61.1 |
| 河 南 | 26.1 | 39.8 | 53.2 |
| 湖 北 | 21.6 | 8.2 | 54.0 |
| 湖 南 | 43.1 | 8.8 | 69.0 |
| 广 东 | 23.9 | 44.5 | 59.7 |
| 广 西 | 19.6 | | 72.8 |
| 海 南 | 14.7 | 11.1 | 36.8 |
| 重 庆 | 26.5 | 30.5 | 65.0 |
| 四 川 | 24.9 | 42.2 | 49.9 |
| 贵 州 | 25.7 | 37.7 | 45.6 |
| 云 南 | 17.4 | 41.1 | 58.7 |
| 西 藏 | 31.7 | 25.7 | 45.9 |
| 陕 西 | 19.7 | 20.7 | 42.3 |
| 甘 肃 | 11.2 | 26.6 | 44.4 |
| 青 海 | 32.2 | 51.9 | 53.2 |
| 宁 夏 | 21.2 | 28.3 | 43.5 |
| 新 疆 | 34.0 | 10.3 | 44.1 |

资料来源：民政部。

## 表11.34 2023年社会组织负责人中女性比重

单位：%

| 地 区 | 社会团体 | 基金会 | 民办非企业 |
|---|---|---|---|
| **全 国** | **15.0** | **26.4** | **39.7** |
| 中央本级 | | 66.1 | 58.7 |
| 北 京 | 30.1 | 37.9 | 52.9 |
| 天 津 | 10.6 | 31.7 | 30.1 |
| 河 北 | 15.0 | 52.8 | 41.0 |
| 山 西 | 9.5 | | 32.6 |
| 内蒙古 | 18.9 | 24.7 | 41.3 |
| 辽 宁 | 13.1 | 8.8 | 34.9 |
| 吉 林 | 12.1 | 20.0 | 38.6 |
| 黑龙江 | 19.4 | | 38.6 |
| 上 海 | 24.8 | 43.0 | 52.6 |
| 江 苏 | 17.1 | 14.0 | 32.9 |
| 浙 江 | 7.1 | 11.6 | 40.6 |
| 安 徽 | 18.4 | 11.9 | 39.5 |
| 福 建 | 12.6 | 5.0 | 34.3 |
| 江 西 | 21.4 | 15.7 | 37.6 |
| 山 东 | 20.6 | 18.8 | 45.2 |
| 河 南 | 18.2 | 26.5 | 36.3 |
| 湖 北 | 10.2 | 6.0 | 25.0 |
| 湖 南 | 1.8 | 5.7 | 13.7 |
| 广 东 | 9.2 | 14.5 | 43.6 |
| 广 西 | 20.4 | 24.2 | 65.0 |
| 海 南 | 9.7 | 8.3 | 22.5 |
| 重 庆 | 18.3 | 17.0 | 53.3 |
| 四 川 | 17.6 | 24.0 | 39.5 |
| 贵 州 | 13.6 | 30.1 | 48.8 |
| 云 南 | 11.0 | 35.4 | 30.0 |
| 西 藏 | 24.7 | 34.6 | 32.4 |
| 陕 西 | 17.9 | 48.1 | 34.7 |
| 甘 肃 | 9.6 | 62.8 | 37.0 |
| 青 海 | 11.0 | 27.3 | 12.7 |
| 宁 夏 | 5.9 | 22.9 | 33.8 |
| 新 疆 | 15.0 | 8.0 | 34.1 |

资料来源：民政部。

## 表11.35　2022年基层群众自治组织中女性比重

单位：%

| 地 区 | 居委会 | | 村委会 | |
|---|---|---|---|---|
| | 成员 | 主任 | 成员 | 主任 |
| **全 国** | **54.3** | **41.3** | **26.1** | **10.9** |
| 北 京 | 72.4 | 66.4 | 32.7 | 10.5 |
| 天 津 | 60.1 | 54.5 | 22.0 | 7.4 |
| 河 北 | 59.7 | 46.6 | 23.3 | 6.9 |
| 山 西 | 59.6 | 46.1 | 21.6 | 9.1 |
| 内蒙古 | 66.0 | 53.2 | 24.2 | 8.1 |
| 辽 宁 | 74.2 | 69.2 | 28.8 | 12.2 |
| 吉 林 | 53.8 | 50.9 | 31.2 | 14.0 |
| 黑龙江 | 69.0 | 60.6 | 23.0 | 13.0 |
| 上 海 | 63.0 | 62.3 | 36.8 | 32.6 |
| 江 苏 | 44.5 | 36.4 | 26.5 | 17.8 |
| 浙 江 | 53.3 | 44.6 | 29.5 | 6.3 |
| 安 徽 | 54.3 | 35.0 | 32.4 | 14.5 |
| 福 建 | 56.9 | 44.0 | 26.6 | 10.8 |
| 江 西 | 59.2 | 50.0 | 23.3 | 12.8 |
| 山 东 | 52.2 | 37.5 | 30.4 | 8.4 |
| 河 南 | 44.4 | 28.8 | 21.9 | 12.2 |
| 湖 北 | 59.8 | 40.2 | 33.4 | 11.5 |
| 湖 南 | 47.0 | 30.7 | 31.5 | 12.2 |
| 广 东 | 51.3 | 33.2 | 27.3 | 8.2 |
| 广 西 | 54.3 | 39.3 | 26.5 | 12.1 |
| 海 南 | 41.3 | 10.5 | 23.7 | 5.3 |
| 重 庆 | 62.6 | 43.9 | 40.4 | 15.1 |
| 四 川 | 43.8 | 28.2 | 26.6 | 15.0 |
| 贵 州 | 44.1 | 35.8 | 26.1 | 14.4 |
| 云 南 | 34.9 | 21.1 | 22.5 | 10.5 |
| 西 藏 | 24.5 | 3.1 | 15.9 | 5.8 |
| 陕 西 | 56.9 | 36.7 | 20.5 | 6.6 |
| 甘 肃 | 49.9 | 48.5 | 17.3 | 14.4 |
| 青 海 | 54.7 | 40.5 | 16.5 | 10.6 |
| 宁 夏 | 84.7 | 69.3 | 34.1 | 8.0 |
| 新 疆 | 44.2 | 30.3 | 24.7 | 14.3 |

资料来源：民政部。

## 表11.36 2022年村委会选举情况

| 地区 | 当年完成选举的村委会数(个) | 经推举产生的村民代表数(人) | #女 | 性别构成(%) 男 | 女 |
|---|---|---|---|---|---|
| **全国** | **36961** | **5545281** | **892131** | **83.9** | **16.1** |
| 北京 | | 13796 | 3301 | 76.1 | 23.9 |
| 天津 | 1736 | 23213 | 289 | 98.8 | 1.2 |
| 河北 | 671 | 99516 | 14744 | 85.2 | 14.8 |
| 山西 | | 19938 | 733 | 96.3 | 3.7 |
| 内蒙古 | 1815 | 56603 | 9320 | 83.5 | 16.5 |
| 辽宁 | 1885 | 88345 | 22105 | 75.0 | 25.0 |
| 吉林 | 2279 | 43735 | 9982 | 77.2 | 22.8 |
| 黑龙江 | 32 | 205140 | 57243 | 72.1 | 27.9 |
| 上海 | 3 | 1002 | 445 | 55.6 | 44.4 |
| 江苏 | 3436 | 1089936 | 13971 | 98.7 | 1.3 |
| 浙江 | | 71991 | 17378 | 75.9 | 24.1 |
| 安徽 | | 21836 | 7148 | 67.3 | 32.7 |
| 福建 | 644 | 509522 | 151495 | 70.3 | 29.7 |
| 江西 | 690 | 254789 | 32438 | 87.3 | 12.7 |
| 山东 | 5 | 1120364 | 278604 | 75.1 | 24.9 |
| 河南 | | | | | |
| 湖北 | 791 | 34795 | 4059 | 88.3 | 11.7 |
| 湖南 | | | | | |
| 广东 | 19 | 843728 | 102829 | 87.8 | 12.2 |
| 广西 | 1045 | 81295 | 12682 | 84.4 | 15.6 |
| 海南 | 160 | 6436 | 2288 | 64.4 | 35.6 |
| 重庆 | 1323 | 53491 | 17370 | 67.5 | 32.5 |
| 四川 | 6589 | 267254 | 50511 | 81.1 | 18.9 |
| 贵州 | 4265 | 343681 | 48993 | 85.7 | 14.3 |
| 云南 | 1665 | 43170 | 9246 | 78.6 | 21.4 |
| 西藏 | 1023 | 28978 | 1743 | 94.0 | 6.0 |
| 陕西 | 1798 | 80076 | 14123 | 82.4 | 17.6 |
| 甘肃 | 4555 | 133670 | 7581 | 94.3 | 5.7 |
| 青海 | 83 | 1100 | | 100.0 | |
| 宁夏 | | | | | |
| 新疆 | 449 | 7881 | 1510 | 80.8 | 19.2 |

资料来源：民政部。

## 表11.37 2023年R&D人员及性别构成

| 地区 | 人数（人） | #女 | 性别构成(%) 男 | 性别构成(%) 女 |
|---|---|---|---|---|
| **全国** | **10225382** | **2652980** | **74.1** | **25.9** |
| 北京 | 571650 | 172320 | 69.9 | 30.1 |
| 天津 | 162051 | 44253 | 72.7 | 27.3 |
| 河北 | 282901 | 77108 | 72.7 | 27.3 |
| 山西 | 116087 | 28410 | 75.5 | 24.5 |
| 内蒙古 | 71332 | 19544 | 72.6 | 27.4 |
| 辽宁 | 210734 | 59822 | 71.6 | 28.4 |
| 吉林 | 92791 | 34921 | 62.4 | 37.6 |
| 黑龙江 | 97546 | 28838 | 70.4 | 29.6 |
| 上海 | 404742 | 112928 | 72.1 | 27.9 |
| 江苏 | 1202059 | 298217 | 75.2 | 24.8 |
| 浙江 | 1054699 | 261039 | 75.2 | 24.8 |
| 安徽 | 389615 | 91229 | 76.6 | 23.4 |
| 福建 | 385416 | 106512 | 72.4 | 27.6 |
| 江西 | 223785 | 59152 | 73.6 | 26.4 |
| 山东 | 793448 | 211740 | 73.3 | 26.7 |
| 河南 | 374953 | 101769 | 72.9 | 27.1 |
| 湖北 | 415135 | 97500 | 76.5 | 23.5 |
| 湖南 | 420965 | 106997 | 74.6 | 25.4 |
| 广东 | 1582687 | 360647 | 77.2 | 22.8 |
| 广西 | 129582 | 43934 | 66.1 | 33.9 |
| 海南 | 34817 | 12122 | 65.2 | 34.8 |
| 重庆 | 220106 | 58677 | 73.3 | 26.7 |
| 四川 | 377761 | 99409 | 73.7 | 26.3 |
| 贵州 | 83799 | 23786 | 71.6 | 28.4 |
| 云南 | 121200 | 36658 | 69.8 | 30.2 |
| 西藏 | 3880 | 1402 | 63.9 | 36.1 |
| 陕西 | 230035 | 56822 | 75.3 | 24.7 |
| 甘肃 | 66301 | 18925 | 71.5 | 28.5 |
| 青海 | 10886 | 2886 | 73.5 | 26.5 |
| 宁夏 | 32762 | 8712 | 73.4 | 26.6 |
| 新疆 | 61656 | 16701 | 72.9 | 27.1 |

资料来源：国家统计局，《中国科技统计年鉴2024》。

## 表11.38 2023年规模以上工业企业R&D人员人数及性别构成

| 地区 | 人数(人) | #女 | 性别构成(%) 男 | 性别构成(%) 女 |
|---|---|---|---|---|
| **全国** | **6396445** | **1428213** | **77.7** | **22.3** |
| 北京 | 82701 | 24095 | 70.9 | 29.1 |
| 天津 | 75301 | 17868 | 76.3 | 23.7 |
| 河北 | 191158 | 40011 | 79.1 | 20.9 |
| 山西 | 69757 | 10173 | 85.4 | 14.6 |
| 内蒙古 | 43778 | 7311 | 83.3 | 16.7 |
| 辽宁 | 101996 | 23836 | 76.6 | 23.4 |
| 吉林 | 22990 | 6600 | 71.3 | 28.7 |
| 黑龙江 | 32031 | 7752 | 75.8 | 24.2 |
| 上海 | 145569 | 34843 | 76.1 | 23.9 |
| 江苏 | 922637 | 213035 | 76.9 | 23.1 |
| 浙江 | 819375 | 187798 | 77.1 | 22.9 |
| 安徽 | 260320 | 52250 | 79.9 | 20.1 |
| 福建 | 272482 | 69532 | 74.5 | 25.5 |
| 江西 | 162045 | 37712 | 76.7 | 23.3 |
| 山东 | 572787 | 136594 | 76.2 | 23.8 |
| 河南 | 259348 | 58057 | 77.6 | 22.4 |
| 湖北 | 252552 | 55266 | 78.1 | 21.9 |
| 湖南 | 283412 | 62120 | 78.1 | 21.9 |
| 广东 | 1173248 | 239846 | 79.6 | 20.4 |
| 广西 | 55904 | 12798 | 77.1 | 22.9 |
| 海南 | 8858 | 3028 | 65.8 | 34.2 |
| 重庆 | 122590 | 27633 | 77.5 | 22.5 |
| 四川 | 183984 | 41941 | 77.2 | 22.8 |
| 贵州 | 45843 | 10197 | 77.8 | 22.2 |
| 云南 | 55700 | 11798 | 78.8 | 21.2 |
| 西藏 | 376 | 101 | 73.1 | 26.9 |
| 陕西 | 97547 | 20124 | 79.4 | 20.6 |
| 甘肃 | 26372 | 5593 | 78.8 | 21.2 |
| 青海 | 4368 | 827 | 81.1 | 18.9 |
| 宁夏 | 21715 | 4294 | 80.2 | 19.8 |
| 新疆 | 29701 | 5180 | 82.6 | 17.4 |

资料来源：国家统计局，《中国科技统计年鉴2024》。

## 表11.39　2023年高等学校R&D人员及性别构成

| 地　区 | 人数(人) | #女 | 性别构成(%) | |
|---|---|---|---|---|
| | | | 男 | 女 |
| **全　国** | **1855250** | **679759** | **63.4** | **36.6** |
| 北　京 | 177088 | 45117 | 74.5 | 25.5 |
| 天　津 | 38734 | 13794 | 64.4 | 35.6 |
| 河　北 | 54847 | 26702 | 51.3 | 48.7 |
| 山　西 | 32213 | 14430 | 55.2 | 44.8 |
| 内蒙古 | 17967 | 8675 | 51.7 | 48.3 |
| 辽　宁 | 63031 | 22691 | 64.0 | 36.0 |
| 吉　林 | 55482 | 23441 | 57.8 | 42.2 |
| 黑龙江 | 51415 | 16465 | 68.0 | 32.0 |
| 上　海 | 102960 | 30267 | 70.6 | 29.4 |
| 江　苏 | 134071 | 46449 | 65.4 | 34.6 |
| 浙　江 | 100071 | 39876 | 60.2 | 39.8 |
| 安　徽 | 70077 | 24828 | 64.6 | 35.4 |
| 福　建 | 56947 | 22961 | 59.7 | 40.3 |
| 江　西 | 37570 | 15127 | 59.7 | 40.3 |
| 山　东 | 109843 | 45509 | 58.6 | 41.4 |
| 河　南 | 55698 | 27226 | 51.1 | 48.9 |
| 湖　北 | 82776 | 24277 | 70.7 | 29.3 |
| 湖　南 | 76767 | 30817 | 59.9 | 40.1 |
| 广　东 | 133090 | 50454 | 62.1 | 37.9 |
| 广　西 | 55190 | 25484 | 53.8 | 46.2 |
| 海　南 | 10983 | 4662 | 57.6 | 42.4 |
| 重　庆 | 54727 | 18962 | 65.4 | 34.6 |
| 四　川 | 93431 | 33000 | 64.7 | 35.3 |
| 贵　州 | 23836 | 9826 | 58.8 | 41.2 |
| 云　南 | 34796 | 15259 | 56.1 | 43.9 |
| 西　藏 | 2164 | 893 | 58.7 | 41.3 |
| 陕　西 | 75302 | 22326 | 70.4 | 29.6 |
| 甘　肃 | 24038 | 8188 | 65.9 | 34.1 |
| 青　海 | 2789 | 954 | 65.8 | 34.2 |
| 宁　夏 | 6540 | 2912 | 55.5 | 44.5 |
| 新　疆 | 20807 | 8187 | 60.7 | 39.3 |

资料来源：国家统计局，《中国科技统计年鉴2024》。

## 表11.40　2023年在编专职教练员人数及性别构成

| 地区 | 人数（人） | #女 | 性别构成(%) 男 | 女 |
|---|---|---|---|---|
| **全国** | **24932** | **7377** | **70.4** | **29.6** |
| 中央 | 119 | 32 | 73.1 | 26.9 |
| 北京 | 639 | 212 | 66.8 | 33.2 |
| 天津 | 502 | 160 | 68.1 | 31.9 |
| 河北 | 976 | 317 | 67.5 | 32.5 |
| 山西 | 642 | 198 | 69.2 | 30.8 |
| 内蒙古 | 529 | 152 | 71.3 | 28.7 |
| 辽宁 | 1136 | 372 | 67.3 | 32.7 |
| 吉林 | 646 | 217 | 66.4 | 33.6 |
| 黑龙江 | 1055 | 307 | 70.9 | 29.1 |
| 上海 | 1158 | 389 | 66.4 | 33.6 |
| 江苏 | 1355 | 403 | 70.3 | 29.7 |
| 浙江 | 1122 | 351 | 68.7 | 31.3 |
| 安徽 | 594 | 157 | 73.6 | 26.4 |
| 福建 | 1087 | 360 | 66.9 | 33.1 |
| 江西 | 619 | 202 | 67.4 | 32.6 |
| 山东 | 2347 | 678 | 71.1 | 28.9 |
| 河南 | 831 | 251 | 69.8 | 30.2 |
| 湖北 | 853 | 233 | 72.7 | 27.3 |
| 湖南 | 946 | 283 | 70.1 | 29.9 |
| 广东 | 1693 | 460 | 72.8 | 27.2 |
| 广西 | 841 | 240 | 71.5 | 28.5 |
| 海南 | 103 | 25 | 75.7 | 24.3 |
| 重庆 | 276 | 71 | 74.3 | 25.7 |
| 四川 | 1156 | 346 | 70.1 | 29.9 |
| 贵州 | 485 | 142 | 70.7 | 29.3 |
| 云南 | 939 | 241 | 74.3 | 25.7 |
| 西藏 | 61 | 11 | 82.0 | 18.0 |
| 陕西 | 683 | 217 | 68.2 | 31.8 |
| 甘肃 | 646 | 161 | 75.1 | 24.9 |
| 青海 | 152 | 32 | 78.9 | 21.1 |
| 宁夏 | 155 | 43 | 72.3 | 27.7 |
| 新疆 | 555 | 107 | 80.7 | 19.3 |
| 新疆兵团 | 31 | 7 | 77.4 | 22.6 |

资料来源：国家体育总局。

## 表11.41 2023年律师人数及性别构成

| 地区 | 人数(人) | #女 | 性别构成(%) | |
|---|---|---|---|---|
| | | | 男 | 女 |
| **全　国** | **731637** | **305574** | **58.2** | **41.8** |
| 北　京 | 52859 | 26559 | 49.8 | 50.2 |
| 天　津 | 12304 | 6049 | 50.8 | 49.2 |
| 河　北 | 25401 | 10353 | 59.2 | 40.8 |
| 山　西 | 15315 | 6936 | 54.7 | 45.3 |
| 内蒙古 | 14271 | 6445 | 54.8 | 45.2 |
| 辽　宁 | 21900 | 9865 | 55.0 | 45.0 |
| 吉　林 | 8631 | 3588 | 58.4 | 41.6 |
| 黑龙江 | 9357 | 3926 | 58.0 | 42.0 |
| 上　海 | 41243 | 18765 | 54.5 | 45.5 |
| 江　苏 | 49038 | 19063 | 61.1 | 38.9 |
| 浙　江 | 41945 | 17929 | 57.3 | 42.7 |
| 安　徽 | 23561 | 7230 | 69.3 | 30.7 |
| 福　建 | 20887 | 8624 | 58.7 | 41.3 |
| 江　西 | 13228 | 4175 | 68.4 | 31.6 |
| 山　东 | 46617 | 17714 | 62.0 | 38.0 |
| 河　南 | 38589 | 14135 | 63.4 | 36.6 |
| 湖　北 | 22028 | 8151 | 63.0 | 37.0 |
| 湖　南 | 25894 | 10398 | 59.8 | 40.2 |
| 广　东 | 79294 | 35171 | 55.6 | 44.4 |
| 广　西 | 16808 | 6125 | 63.6 | 36.4 |
| 海　南 | 7494 | 3280 | 56.2 | 43.8 |
| 重　庆 | 17741 | 7310 | 58.8 | 41.2 |
| 四　川 | 37943 | 16066 | 57.7 | 42.3 |
| 贵　州 | 17478 | 6569 | 62.4 | 37.6 |
| 云　南 | 17621 | 7619 | 56.8 | 43.2 |
| 西　藏 | 1055 | 462 | 56.2 | 43.8 |
| 陕　西 | 19028 | 8570 | 55.0 | 45.0 |
| 甘　肃 | 8519 | 3400 | 60.1 | 39.9 |
| 青　海 | 2080 | 923 | 55.6 | 44.4 |
| 宁　夏 | 4745 | 2252 | 52.5 | 47.5 |
| 新　疆 | 8846 | 4082 | 53.9 | 46.1 |
| 新疆兵团 | 1379 | 564 | 59.1 | 40.9 |

资料来源：司法部。

注：全国律师人数中包括军队律师以及司法部批准的公职律师、公司律师、中国法律律师事务所律师。

## 表11.42 2023年公证员人数及性别构成

| 地区 | 人数(人) | #女 | 性别构成(%) 男 | 女 |
|---|---|---|---|---|
| **全国** | **15292** | **8624** | **43.6** | **56.4** |
| 北京 | 449 | 267 | 40.5 | 59.5 |
| 天津 | 228 | 140 | 38.6 | 61.4 |
| 河北 | 818 | 490 | 40.1 | 59.9 |
| 山西 | 379 | 223 | 41.2 | 58.8 |
| 内蒙古 | 556 | 314 | 43.5 | 56.5 |
| 辽宁 | 400 | 198 | 50.5 | 49.5 |
| 吉林 | 459 | 256 | 44.2 | 55.8 |
| 黑龙江 | 434 | 260 | 40.1 | 59.9 |
| 上海 | 564 | 311 | 44.9 | 55.1 |
| 江苏 | 832 | 479 | 42.4 | 57.6 |
| 浙江 | 640 | 351 | 45.2 | 54.8 |
| 安徽 | 427 | 199 | 53.4 | 46.6 |
| 福建 | 530 | 281 | 47.0 | 53.0 |
| 江西 | 351 | 174 | 50.4 | 49.6 |
| 山东 | 1021 | 549 | 46.2 | 53.8 |
| 河南 | 755 | 416 | 44.9 | 55.1 |
| 湖北 | 411 | 209 | 49.1 | 50.9 |
| 湖南 | 451 | 253 | 43.9 | 56.1 |
| 广东 | 1210 | 688 | 43.1 | 56.9 |
| 广西 | 371 | 199 | 46.4 | 53.6 |
| 海南 | 127 | 76 | 40.2 | 59.8 |
| 重庆 | 297 | 165 | 44.4 | 55.6 |
| 四川 | 1031 | 623 | 39.6 | 60.4 |
| 贵州 | 327 | 177 | 45.9 | 54.1 |
| 云南 | 671 | 391 | 41.7 | 58.3 |
| 西藏 | 50 | 26 | 48.0 | 52.0 |
| 陕西 | 539 | 323 | 40.1 | 59.9 |
| 甘肃 | 322 | 168 | 47.8 | 52.2 |
| 青海 | 96 | 56 | 41.7 | 58.3 |
| 宁夏 | 140 | 100 | 28.6 | 71.4 |
| 新疆 | 345 | 229 | 33.6 | 66.4 |
| 新疆兵团 | 61 | 33 | 45.9 | 54.1 |

资料来源：司法部。

## 表11.43　2023年法律援助机构数及获得法律援助的受援人数

| 地　区 | 法律援助机构数（个） | 受援人数（人次） | #女 | #未成年人 |
|---|---|---|---|---|
| **全　国** | **3066** | **2896821** | **364867** | **198222** |
| 北　京 | 17 | 56277 | 11987 | 860 |
| 天　津 | 18 | 24716 | 1371 | 1857 |
| 河　北 | 187 | 126367 | 13014 | 6150 |
| 山　西 | 129 | 61950 | 5685 | 3203 |
| 内蒙古 | 116 | 50745 | 6432 | 2520 |
| 辽　宁 | 115 | 56376 | 4946 | 2679 |
| 吉　林 | 71 | 48352 | 3431 | 3069 |
| 黑龙江 | 139 | 35424 | 2542 | 1331 |
| 上　海 | 17 | 50235 | 7114 | 1655 |
| 江　苏 | 112 | 197752 | 36093 | 12895 |
| 浙　江 | 102 | 202014 | 18517 | 12080 |
| 安　徽 | 123 | 147540 | 19687 | 8781 |
| 福　建 | 90 | 94997 | 15834 | 7786 |
| 江　西 | 112 | 77938 | 12755 | 9990 |
| 山　东 | 154 | 289577 | 43355 | 11118 |
| 河　南 | 178 | 177758 | 19837 | 13734 |
| 湖　北 | 118 | 102093 | 9962 | 6156 |
| 湖　南 | 140 | 70772 | 11800 | 12739 |
| 广　东 | 152 | 293369 | 37762 | 19371 |
| 广　西 | 120 | 67435 | 7826 | 10272 |
| 海　南 | 16 | 30504 | 4336 | 3519 |
| 重　庆 | 42 | 75375 | 10885 | 6540 |
| 四　川 | 210 | 119775 | 13360 | 9499 |
| 贵　州 | 92 | 87008 | 8427 | 7982 |
| 云　南 | 83 | 113517 | 10177 | 9449 |
| 西　藏 | 2 | 10895 | 517 | 318 |
| 陕　西 | 119 | 70141 | 9046 | 3873 |
| 甘　肃 | 99 | 58269 | 7674 | 3236 |
| 青　海 | 52 | 11134 | 1962 | 1041 |
| 宁　夏 | 13 | 22454 | 4819 | 2369 |
| 新　疆 | 111 | 60285 | 3310 | 1894 |
| 新疆兵团 | 17 | 5777 | 404 | 256 |

资料来源：司法部。

## 表11.44　2023年人均水资源量及人均用水量

单位:立方米

| 地　区 | 人均水资源量 | 人均用水量 |
|---|---|---|
| **全　国** | **1827.6** | **418.7** |
| 北　京 | 189.9 | 186.3 |
| 天　津 | 130.5 | 239.8 |
| 河　北 | 325.9 | 251.8 |
| 山　西 | 414.3 | 200.7 |
| 内蒙古 | 2050.9 | 845.9 |
| 辽　宁 | 729.2 | 301.0 |
| 吉　林 | 2128.4 | 449.8 |
| 黑龙江 | 3294.9 | 937.8 |
| 上　海 | 167.3 | 422.4 |
| 江　苏 | 495.4 | 670.6 |
| 浙　江 | 1105.9 | 256.9 |
| 安　徽 | 1131.3 | 446.9 |
| 福　建 | 2340.0 | 401.6 |
| 江　西 | 3117.3 | 532.1 |
| 山　东 | 246.3 | 220.3 |
| 河　南 | 479.8 | 212.1 |
| 湖　北 | 1873.3 | 575.9 |
| 湖　南 | 1807.0 | 469.0 |
| 广　东 | 1542.4 | 315.7 |
| 广　西 | 3018.1 | 513.2 |
| 海　南 | 3150.7 | 440.6 |
| 重　庆 | 2181.1 | 221.1 |
| 四　川 | 2588.5 | 301.6 |
| 贵　州 | 1676.2 | 241.4 |
| 云　南 | 3208.0 | 346.6 |
| 西　藏 | 121462.3 | 883.4 |
| 陕　西 | 1381.6 | 236.7 |
| 甘　肃 | 898.1 | 467.2 |
| 青　海 | 14388.6 | 418.8 |
| 宁　夏 | 111.2 | 889.5 |
| 新　疆 | 3349.3 | 2442.8 |

资料来源:国家统计局,《中国统计年鉴2024》。

## 表11.45 2023年公共图书馆基本情况

| 地区 | 公共图书馆个数(个) | 少儿文献数(万册) | 少儿阅览室坐席数(个) | 少儿图书馆 | |
|---|---|---|---|---|---|
| | | | | 个数(个) | 总藏量(万册) |
| **全国** | **3246** | **20739.7** | **407046** | **146** | **5946.5** |
| 中央 | 1 | 9.8 | 300 | | |
| 北京 | 19 | 526.0 | 4036 | 1 | 62.6 |
| 天津 | 20 | 332.2 | 3736 | | |
| 河北 | 181 | 633.0 | 20885 | 2 | 55.4 |
| 山西 | 127 | 337.3 | 10866 | 1 | 16.2 |
| 内蒙古 | 117 | 276.5 | 9190 | 1 | 18.6 |
| 辽宁 | 128 | 556.4 | 10937 | 16 | 837.7 |
| 吉林 | 67 | 289.4 | 6049 | 4 | 680.1 |
| 黑龙江 | 105 | 242.0 | 7498 | 4 | 17.6 |
| 上海 | 20 | 533.0 | 6110 | 2 | 213.7 |
| 江苏 | 122 | 1821.3 | 22039 | 10 | 280.3 |
| 浙江 | 102 | 2803.4 | 31166 | 2 | 234.5 |
| 安徽 | 133 | 722.7 | 17667 | 17 | 270.9 |
| 福建 | 97 | 1036.0 | 14549 | 10 | 401.0 |
| 江西 | 114 | 515.1 | 15157 | | |
| 山东 | 153 | 1080.6 | 22075 | 1 | 82.2 |
| 河南 | 177 | 779.9 | 25233 | 11 | 167.0 |
| 湖北 | 119 | 702.4 | 18012 | 6 | 198.2 |
| 湖南 | 150 | 891.0 | 20054 | 11 | 288.4 |
| 广东 | 150 | 3503.9 | 42713 | 5 | 939.2 |
| 广西 | 116 | 405.9 | 11170 | 4 | 265.1 |
| 海南 | 24 | 117.3 | 3003 | 1 | 46.9 |
| 重庆 | 43 | 481.1 | 8951 | 2 | 174.2 |
| 四川 | 209 | 661.4 | 21296 | 4 | 36.9 |
| 贵州 | 99 | 227.8 | 7980 | 4 | 67.0 |
| 云南 | 151 | 223.3 | 9755 | 6 | 96.7 |
| 西藏 | 82 | 20.8 | 858 | 1 | 20.4 |
| 陕西 | 119 | 318.3 | 10680 | 6 | 84.8 |
| 甘肃 | 104 | 263.5 | 10192 | 10 | 147.9 |
| 青海 | 50 | 53.6 | 1797 | 1 | 198.0 |
| 宁夏 | 27 | 134.9 | 3307 | | |
| 新疆 | 120 | 239.7 | 9785 | 3 | 45.3 |

资料来源：文化和旅游部。

## 表11.46 2023年全国文化馆(站)、博物馆个数及未成年人参观情况

| 地区 | 文化馆(站) | | 博物馆 | |
|---|---|---|---|---|
| | 个数(个) | 为未成年人组织专场(次) | 个数(个) | 未成年人参观人次(万人次) |
| **全　国** | **43752** | **42308** | **4508** | **30017.8** |
| 中　央 | | | 5 | 920.4 |
| 北　京 | 357 | 180 | 69 | 459.5 |
| 天　津 | 274 | 122 | 53 | 338.6 |
| 河　北 | 2465 | 3261 | 147 | 1036.9 |
| 山　西 | 1428 | 458 | 155 | 456.6 |
| 内蒙古 | 1201 | 651 | 128 | 481.2 |
| 辽　宁 | 1478 | 334 | 66 | 579.3 |
| 吉　林 | 996 | 305 | 94 | 216.9 |
| 黑龙江 | 1417 | 869 | 132 | 439.5 |
| 上　海 | 237 | 452 | 85 | 606.5 |
| 江　苏 | 1371 | 2152 | 330 | 2734.4 |
| 浙　江 | 1469 | 8994 | 206 | 1613.1 |
| 安　徽 | 1634 | 1878 | 181 | 873.5 |
| 福　建 | 1206 | 890 | 102 | 793.7 |
| 江　西 | 1848 | 887 | 170 | 1604.9 |
| 山　东 | 1981 | 4999 | 348 | 2660.7 |
| 河　南 | 2702 | 2032 | 259 | 2055.4 |
| 湖　北 | 1428 | 1660 | 172 | 1373.4 |
| 湖　南 | 2283 | 1262 | 159 | 2722.7 |
| 广　东 | 1762 | 2839 | 223 | 1564.8 |
| 广　西 | 1302 | 752 | 119 | 660.3 |
| 海　南 | 242 | 742 | 33 | 122.1 |
| 重　庆 | 1072 | 284 | 106 | 641.8 |
| 四　川 | 4269 | 964 | 272 | 1814.4 |
| 贵　州 | 1704 | 641 | 122 | 389.6 |
| 云　南 | 1607 | 1287 | 143 | 490.3 |
| 西　藏 | 783 | 156 | 15 | 0.1 |
| 陕　西 | 1475 | 782 | 246 | 858.7 |
| 甘　肃 | 1460 | 648 | 194 | 1010.9 |
| 青　海 | 453 | 130 | 24 | 30.7 |
| 宁　夏 | 274 | 256 | 52 | 174.5 |
| 新　疆 | 1574 | 1441 | 98 | 292.5 |

资料来源:文化和旅游部，国家文物局。

## 表11.47 2023年少儿广播电视节目播出时间

单位：小时

| 地 区 | 少儿广播 | 少儿电视 | 电视动画 |
|---|---|---|---|
| **全 国** | **270605** | **636468** | **472768** |
| 中央广播电视总台 | 740 | 9674 | 5872 |
| 其他部门所属单位 | | 595 | 357 |
| 北 京 | 1935 | 9496 | 8496 |
| 天 津 | 482 | 1705 | 1715 |
| 河 北 | 11703 | 29193 | 12948 |
| 山 西 | 8852 | 19554 | 9017 |
| 内蒙古 | 11153 | 24587 | 19180 |
| 辽 宁 | 10140 | 9082 | 8335 |
| 吉 林 | 7130 | 7141 | 3899 |
| 黑龙江 | 7167 | 15663 | 11762 |
| 上 海 | 1746 | 19109 | 17594 |
| 江 苏 | 14386 | 33304 | 14732 |
| 浙 江 | 12518 | 22566 | 24854 |
| 安 徽 | 11397 | 18069 | 12713 |
| 福 建 | 6094 | 24595 | 19526 |
| 江 西 | 10216 | 25639 | 17726 |
| 山 东 | 15147 | 31899 | 29113 |
| 河 南 | 11704 | 18797 | 10644 |
| 湖 北 | 10776 | 22328 | 14468 |
| 湖 南 | 10659 | 34245 | 24898 |
| 广 东 | 15069 | 44421 | 38560 |
| 广 西 | 7628 | 20378 | 17120 |
| 海 南 | 2320 | 2872 | 7494 |
| 重 庆 | 2508 | 14023 | 10324 |
| 四 川 | 14871 | 41364 | 29820 |
| 贵 州 | 3033 | 16641 | 12815 |
| 云 南 | 12049 | 29058 | 21449 |
| 西 藏 | 8368 | 10227 | 3797 |
| 陕 西 | 10701 | 15377 | 6080 |
| 甘 肃 | 6517 | 16844 | 13458 |
| 青 海 | 7814 | 9684 | 6663 |
| 宁 夏 | 1052 | 7418 | 6224 |
| 新 疆 | 14732 | 30923 | 31115 |

资料来源：国家广播电视总局。

## 表11.48 2023年全国妇女之家及儿童之家数

单位：个

| 地 区 | 妇女之家 | 儿童之家 |
| --- | --- | --- |
| **全 国** | **724130** | **336506** |
| 中 央 | 1 | |
| 北 京 | 8792 | 6766 |
| 天 津 | 5945 | 5290 |
| 河 北 | 58318 | 26548 |
| 山 西 | 28265 | 3343 |
| 内蒙古 | 17200 | 2800 |
| 辽 宁 | 20596 | 8827 |
| 吉 林 | 13739 | 8932 |
| 黑龙江 | 14456 | 4558 |
| 上 海 | 9017 | 3549 |
| 江 苏 | 23949 | 19416 |
| 浙 江 | 39665 | 21055 |
| 安 徽 | 25600 | 16450 |
| 福 建 | 21142 | 14089 |
| 江 西 | 23379 | 7746 |
| 山 东 | 65830 | 8909 |
| 河 南 | 58703 | 17019 |
| 湖 北 | 30465 | 15704 |
| 湖 南 | 33850 | 25262 |
| 广 东 | 29157 | 27615 |
| 广 西 | 18456 | 15480 |
| 海 南 | 3640 | 2753 |
| 重 庆 | 13867 | 10988 |
| 四 川 | 41317 | 28341 |
| 贵 州 | 20587 | 4973 |
| 云 南 | 19874 | 16182 |
| 西 藏 | 7077 | 323 |
| 陕 西 | 23428 | 1323 |
| 甘 肃 | 19753 | 1749 |
| 青 海 | 6387 | 1727 |
| 宁 夏 | 3549 | 2455 |
| 新 疆 | 15606 | 5930 |
| 新疆兵团 | 2520 | 404 |

资料来源：全国妇联。

## 表11.49　2023年各级表彰或揭晓的五好家庭、三八红旗手和“最美家庭”数

| 地　区 | 五好家庭（个） | 三八红旗手（人） | 最美家庭（个） |
|---|---|---|---|
| **全　国** | **32588** | **58827** | **1640414** |
| 中　央 | | 300 | 1000 |
| 北　京 | 14 | | 38807 |
| 天　津 | | 255 | 5462 |
| 河　北 | 3366 | 5349 | 164797 |
| 山　西 | 260 | 146 | 33071 |
| 内蒙古 | 569 | 1250 | 27737 |
| 辽　宁 | 194 | 1949 | 20490 |
| 吉　林 | 62 | 1340 | 24703 |
| 黑龙江 | 336 | 1888 | 12210 |
| 上　海 | | 165 | 20327 |
| 江　苏 | 2774 | 4153 | 147291 |
| 浙　江 | 969 | 826 | 68640 |
| 安　徽 | 1370 | 4340 | 75012 |
| 福　建 | 405 | 2080 | 22094 |
| 江　西 | 926 | 2995 | 57084 |
| 山　东 | 3157 | 7092 | 160347 |
| 河　南 | 2625 | 9952 | 175687 |
| 湖　北 | 2211 | 599 | 64903 |
| 湖　南 | 1910 | 1637 | 76993 |
| 广　东 | 338 | 2688 | 26980 |
| 广　西 | 155 | 826 | 4895 |
| 海　南 | 3 | 219 | 1633 |
| 重　庆 | 4250 | 90 | 65555 |
| 四　川 | 1749 | 3885 | 98072 |
| 贵　州 | 1417 | 495 | 16352 |
| 云　南 | 87 | 96 | 12825 |
| 西　藏 | 251 | 371 | 1903 |
| 陕　西 | 1238 | 1424 | 41972 |
| 甘　肃 | 988 | 685 | 41947 |
| 青　海 | 275 | 30 | 2474 |
| 宁　夏 | 5 | 200 | 8365 |
| 新　疆 | 623 | 1496 | 115634 |
| 新疆兵团 | 61 | 6 | 5152 |

资料来源：全国妇联。

## 表11.50 2023年社区少先队实践教育营地数量和中小学校少先队建队率

| 地区 | 社区少先队实践教育营地(基地)数量(个) | 中小学校少先队建队率(%) |
|---|---|---|
| **全国** | **25150** | **100.0** |
| 北京 | 349 | 100.0 |
| 天津 | 231 | 100.0 |
| 河北 | 1260 | 100.0 |
| 山西 | 441 | 100.0 |
| 内蒙古 | 356 | 100.0 |
| 辽宁 | 190 | 100.0 |
| 吉林 | 285 | 100.0 |
| 黑龙江 | 280 | 100.0 |
| 上海 | 991 | 100.0 |
| 江苏 | 1888 | 100.0 |
| 浙江 | 1168 | 100.0 |
| 安徽 | 892 | 100.0 |
| 福建 | 663 | 100.0 |
| 江西 | 835 | 100.0 |
| 山东 | 2325 | 100.0 |
| 河南 | 1523 | 100.0 |
| 湖北 | 771 | 100.0 |
| 湖南 | 1232 | 100.0 |
| 广东 | 2218 | 100.0 |
| 广西 | 698 | 100.0 |
| 海南 | 180 | 100.0 |
| 重庆 | 766 | 100.0 |
| 四川 | 1253 | 100.0 |
| 贵州 | 695 | 100.0 |
| 云南 | 2063 | 100.0 |
| 西藏 | 104 | 100.0 |
| 陕西 | 584 | 100.0 |
| 甘肃 | 278 | 100.0 |
| 青海 | 42 | 99.9 |
| 宁夏 | 152 | 100.0 |
| 新疆 | 437 | 100.0 |

资料来源:共青团中央。

## 表11.51 2023年残疾人人口基础数据库持证残疾人人数及性别构成

| 地区 | 人数(人) | #女 | 性别构成(%) 男 | 女 |
|---|---|---|---|---|
| **全国** | **37793799** | **16043282** | **57.6** | **42.4** |
| 北京 | 568317 | 269028 | 52.7 | 47.3 |
| 天津 | 379011 | 178382 | 52.9 | 47.1 |
| 河北 | 1838895 | 782118 | 57.5 | 42.5 |
| 山西 | 985810 | 394043 | 60.0 | 40.0 |
| 内蒙古 | 796143 | 339230 | 57.4 | 42.6 |
| 辽宁 | 1054071 | 421651 | 60.0 | 40.0 |
| 吉林 | 807000 | 328026 | 59.4 | 40.6 |
| 黑龙江 | 972104 | 385358 | 60.4 | 39.6 |
| 上海 | 603601 | 302694 | 49.9 | 50.1 |
| 江苏 | 1738951 | 790179 | 54.6 | 45.4 |
| 浙江 | 1435758 | 620576 | 56.8 | 43.2 |
| 安徽 | 1949661 | 858803 | 56.0 | 44.0 |
| 福建 | 905761 | 380594 | 58.0 | 42.0 |
| 江西 | 1281338 | 510247 | 60.2 | 39.8 |
| 山东 | 2693394 | 1133224 | 57.9 | 42.1 |
| 河南 | 2913632 | 1264900 | 56.6 | 43.4 |
| 湖北 | 1675392 | 705260 | 57.9 | 42.1 |
| 湖南 | 1976448 | 794843 | 59.8 | 40.2 |
| 广东 | 1889843 | 811450 | 57.1 | 42.9 |
| 广西 | 1348167 | 569237 | 57.8 | 42.2 |
| 海南 | 205645 | 85550 | 58.4 | 41.6 |
| 重庆 | 900661 | 366822 | 59.3 | 40.7 |
| 四川 | 2879658 | 1223134 | 57.5 | 42.5 |
| 贵州 | 1225557 | 472816 | 61.4 | 38.6 |
| 云南 | 1506191 | 625305 | 58.5 | 41.5 |
| 西藏 | 113973 | 56432 | 50.5 | 49.5 |
| 陕西 | 1295030 | 569924 | 56.0 | 44.0 |
| 甘肃 | 879564 | 384567 | 56.3 | 43.7 |
| 青海 | 179027 | 80911 | 54.8 | 45.2 |
| 宁夏 | 223326 | 100805 | 54.9 | 45.1 |
| 新疆 | 571870 | 237173 | 58.5 | 41.5 |

资料来源：中国残联。

## 表11.52 2023年得到康复服务的持证残疾儿童人数

单位：人

| 地 区 | 视力残疾 | 听力残疾 | 言语残疾 | 肢体残疾 | 智力残疾 | 精神残疾 | 多重残疾 |
|---|---|---|---|---|---|---|---|
| **全 国** | **11005** | **46524** | **11745** | **99237** | **157537** | **57739** | **89355** |
| 北 京 | 235 | 1266 | 157 | 1403 | 3100 | 745 | 1954 |
| 天 津 | 32 | 238 | 10 | 253 | 857 | 10 | 139 |
| 河 北 | 279 | 1625 | 318 | 4938 | 3345 | 845 | 2168 |
| 山 西 | 69 | 551 | 74 | 1416 | 3014 | 599 | 1565 |
| 内蒙古 | 58 | 345 | 209 | 961 | 897 | 644 | 636 |
| 辽 宁 | 163 | 690 | 112 | 1689 | 1858 | 1258 | 917 |
| 吉 林 | 137 | 338 | 41 | 1037 | 876 | 592 | 488 |
| 黑龙江 | 50 | 266 | 15 | 641 | 476 | 363 | 221 |
| 上 海 | 39 | 189 | 16 | 390 | 821 | 130 | 185 |
| 江 苏 | 349 | 2014 | 74 | 5046 | 6832 | 6688 | 3672 |
| 浙 江 | 337 | 2712 | 385 | 3044 | 11447 | 3353 | 4225 |
| 安 徽 | 279 | 2399 | 410 | 3987 | 8012 | 6434 | 4143 |
| 福 建 | 261 | 1871 | 319 | 4364 | 10751 | 3062 | 4209 |
| 江 西 | 318 | 1340 | 142 | 2216 | 3318 | 1787 | 2114 |
| 山 东 | 2085 | 8310 | 1353 | 17415 | 27103 | 10023 | 15574 |
| 河 南 | 564 | 3328 | 1415 | 7051 | 9108 | 1024 | 4269 |
| 湖 北 | 525 | 2507 | 872 | 4712 | 7903 | 1549 | 3148 |
| 湖 南 | 307 | 1944 | 556 | 2989 | 5746 | 1851 | 2020 |
| 广 东 | 386 | 3198 | 723 | 4034 | 7510 | 8046 | 6011 |
| 广 西 | 343 | 1325 | 523 | 2397 | 7834 | 1249 | 4537 |
| 海 南 | 35 | 147 | 248 | 593 | 1006 | 1094 | 402 |
| 重 庆 | 333 | 981 | 542 | 2188 | 5030 | 657 | 1681 |
| 四 川 | 767 | 2368 | 765 | 6449 | 9447 | 1710 | 7394 |
| 贵 州 | 256 | 1061 | 425 | 2098 | 2922 | 656 | 2339 |
| 云 南 | 496 | 1311 | 918 | 3957 | 4122 | 708 | 2757 |
| 西 藏 | 253 | 175 | 163 | 1127 | 59 | 45 | 435 |
| 陕 西 | 646 | 1626 | 220 | 4641 | 6859 | 1443 | 4148 |
| 甘 肃 | 342 | 845 | 244 | 2900 | 2639 | 601 | 2011 |
| 青 海 | 208 | 399 | 189 | 1664 | 1485 | 60 | 779 |
| 宁 夏 | 133 | 339 | 165 | 919 | 1107 | 271 | 591 |
| 新 疆 | 720 | 816 | 142 | 2718 | 2053 | 242 | 4623 |

资料来源：中国残联。

## 表11.53 接受康复救助的残疾儿童人数

单位：人

| 地　区 | 2022年 | 2023年 |
|---|---|---|
| **全　国** | **406737** | **467574** |
| 北　京 | 5533 | 7379 |
| 天　津 | 3856 | 4978 |
| 河　北 | 10512 | 13392 |
| 山　西 | 6453 | 10093 |
| 内蒙古 | 5059 | 6135 |
| 辽　宁 | 8332 | 9617 |
| 吉　林 | 3260 | 3858 |
| 黑龙江 | 3614 | 4243 |
| 上　海 | 2845 | 3245 |
| 江　苏 | 37268 | 38041 |
| 浙　江 | 12472 | 14611 |
| 安　徽 | 27329 | 29228 |
| 福　建 | 18669 | 17491 |
| 江　西 | 8998 | 10400 |
| 山　东 | 42817 | 51284 |
| 河　南 | 36468 | 46667 |
| 湖　北 | 22195 | 23963 |
| 湖　南 | 21078 | 22479 |
| 广　东 | 28511 | 31730 |
| 广　西 | 22105 | 25916 |
| 海　南 | 4138 | 4942 |
| 重　庆 | 8679 | 11114 |
| 四　川 | 19224 | 21851 |
| 贵　州 | 8975 | 11500 |
| 云　南 | 7780 | 8625 |
| 西　藏 | 67 | 69 |
| 陕　西 | 13911 | 14866 |
| 甘　肃 | 7668 | 9517 |
| 青　海 | 2930 | 3346 |
| 宁　夏 | 2996 | 3576 |
| 新　疆 | 2995 | 3418 |

资料来源：中国残联。

# 附：主要统计指标解释

## 人口与经济

**人口数** 指一定时点、一定地区范围内有生命的个人总和。年度统计的年末人口数指每年 12 月 31 日 24 时的人口数。

**出生率** 指在一定时期内（通常为一年）一定地区的出生人数与同期内平均人数（或期中人数）之比，用千分率表示。计算公式为：

出生率 = 年出生人数 / 年平均人数 ×1000‰

**死亡率** 指在一定时期内（通常为一年）一定地区的死亡人数与同期内平均人数（或期中人数）之比，用千分率表示。计算公式为：

死亡率 = 年死亡人数 / 年平均人数 ×1000‰

**自然增长率** 指在一定时期内（通常为一年）人口自然增加数（出生人数减死亡人数）与该时期内平均人数（或期中人数）之比，用千分率表示。计算公式为：

人口自然增长率 =（本年出生人数 - 本年死亡人数）/ 年平均人数 ×1000‰

= 人口出生率 - 人口死亡率

**平均预期寿命** 平均预期寿命指同时出生的一批人，在当年各年龄组人口的不同死亡水平之下，平均可能存活的年数。0 岁组的平均预期寿命可以反映一批人出生后一生可能存活的年数，具有特殊的意义。因此，通常所说的平均预期寿命，即是指 0 岁组的平均预期寿命。平均预期寿命是度量人口健康状况最重要的指标之一，体现国家或地区经济社会发展水平及医疗卫生服务水平。

**出生人口性别比** 指每出生 100 名女孩所对应的出生男孩数（以女性人口为 100）。

**总人口性别比** 总人口中男性与女性人口之比（以女性人口为 100）。

**平均家庭户规模** 指平均每个家庭户的人口数。

**少儿抚养比** 也称少年儿童抚养系数。指某一人口中少年儿童人口数与劳动年龄人口数之比。通常用百分比表示。以反映每 100 名劳动年龄人口要负担多少名少年儿童。计算公式为：

少儿抚养比 =0-14 岁人口数 /15-64 岁人口数 ×100%

**国内生产总值** 是指一个国家所有常住单位在一定时期内生产活动的最终成果，它有三种表现形态，即价值形态、收入形态和产品形态。在实际核算中，国内生产总值有三种计算方法，即生产法、收入法和支出法。三种方法分别从不同的方面反映国内生产总值及其构成。

**人均地区生产总值** 指一个国家或地区在一定时期内全部人口平均计算的国内生产总值，它可粗略地反映各个国家和地区经济水平的高低。

**卫生总费用** 指一个国家或地区在一定时期内，为开展卫生服务活动从全社会筹集的卫生资源的货币总额，按来源法核算。它反映一定经济条件下，政府、社会和居民个人对卫生保健的重视程度和费用负担水平，以及卫生筹资模式的主要特征和卫生筹资的公平性合理性。

**国家财政性教育经费** 包括一般公共预算安排的教育经费，政府性基金预算安排的教育经费，企业办学中的企业拨款，校办产业和社会服务收入用于教育的经费，其他属于国家财政性教育经费。

## 卫生保健

**新生儿死亡率** 指年内出生至 28 天内（0-27 天）死亡的新生儿人数与活产数之比。活产数指该地区该统计年度内妊娠满 28 周及以上（如孕周不详，可参考出生体重达 1000 克及以上），娩出后有心跳、呼吸、脐带搏动、随意肌收缩 4 项生命体征之一的新生儿数。计算公式为：

新生儿死亡率 = 某地区年内新生儿死亡人数 / 该地区年内活产数 ×1000‰

**婴儿死亡率** 指年内不满 1 周岁的婴儿死亡人数与活产数之比。计算公式为：

婴儿死亡率 = 某地区年内不满 1 周岁婴儿死亡人数 / 该地区年内活产数 ×1000‰

**5 岁以下儿童死亡率** 指年内不满 5 周岁的儿童死亡人数与活产数之比。计算公式为：

5 岁以下儿童死亡率 = 某地区年内不满 5 周岁的儿童死亡人数 / 该地区年内活产数 ×1000‰

**孕产妇死亡率** 指年内孕产妇死亡人数与活产数之比。孕产妇死亡指妇女在妊娠期至妊娠结束后 42 天以内，由于任何与妊娠或妊娠处理有关的或由此而加重了的原因导致的死亡，不包括意外事故死亡。计算公式为：

孕产妇死亡率 = 年内孕产妇死亡人数 / 年内活产数 ×10 万 /10 万

**住院分娩率** 指年内在取得助产技术资质的机构分娩的活产数与所有活产数之比，一般用百分比表示。

**18 岁以下儿童伤害死亡率** 指年内每 10 万名 0-17 岁儿童中，由于伤害导致的死亡。计算公式为：

18 岁以下儿童伤害死亡率 = 0-17 岁伤害死亡数 /0-17 岁人口数 ×10 万 /10 万

**新生儿访视率** 指接受 1 次及以上访视的新生儿人数与活产数之比，一般用百分比表示。

**3 岁以下儿童系统管理率** 指年内 3 岁以下儿童系统管理人数与当地 3 岁以下儿童数之比，一般用百分比表示。3 岁以下儿童系统管理是指 3 岁以下儿童按年龄接受生长监测或4:2:1（城市）或3:2:1（农村）体格检查（身高和体重）的人数。新生儿访视时的体检次数不包括在内。

**7 岁以下儿童保健管理率** 指 7 岁以下儿童保健覆盖人数与 7 岁以下儿童数之比，一般用百分比表示。7 岁以下儿童保健覆盖人数指 7 岁以下儿童中当年实际接受 1 次及以上体格检查（身高和体重）的人数。

**纳入国家免疫规划的疫苗接种率** 指年内实际接种某国家免疫规划疫苗（某剂次）人数占应接种该国家免疫规划疫苗（该剂次）人数的百分比。实种人数指某段时间内，某地域范围某种疫苗（某剂次）应种人数中的实际接种人数。实种人数包括接种国家免疫规划疫苗剂次人数和接种含国家免疫规划疫苗成分的非免疫规划疫苗剂次的人数。主要包括卡介苗、脊灰疫苗、百白破疫苗、含麻疹成分疫苗、乙肝疫苗、甲肝疫苗、乙脑疫苗、流脑疫苗等 8 种疫苗接种率。计算公式为：

某疫苗接种率 = 某疫苗（某剂次）实种人数 / 该疫苗（该剂次）应种人数 ×100%

**小学生（初中生 / 高中生）近视率** 指小学生（初中生 / 高中生）中近视检出的人数占参加近视监测的小学生（初中生 / 高中生）总人数的比例。计算公式为：

小学生（初中生 / 高中生）近视率 = 小学生（初中生 / 高中生）近视检出人数 / 小学生（初中生 / 高中生）监测总人数 ×100%

**0-6 岁儿童眼保健和视力检查覆盖率** 指年内 0-6 岁儿童眼保健和视力检查人数占 0-6 岁儿童的百分比。0-6 岁儿童眼保健和视力检查人数指年内接受 1 次及以上儿童眼保健和视力检查服务的 0-6 岁儿童数。计算公式为：

0-6 岁儿童眼保健和视力检查覆盖率 = 某地区年内 0-6 岁儿童眼保健和视力检查人数 / 该地区年内 0-6 岁儿童监测总人数 ×100%

**孕产妇建卡率** 指年内孕产妇中由保健人员建立的保健卡（册）人数与活产数之比，一般用百分比表示。

**孕产妇系统管理率** 指年内孕产妇系统管理人数与活产数之比。一般用百分比表示。孕产妇系统管理人数指按系统管理程序要求，妊娠至产后 28 天内接受过早孕检查、至少 5 次产前检查、新法接生和产后访视的产妇人数。

**产前检查率** 指年内产前接受过 1 次及以上产前检查的产妇人数与活产数之比，一般用百分比表示。

**产后访视率** 指年内接受过1次及以上产后访视的产妇人数与活产数之比，一般用百分比表示。

**婚前医学检查率** 指年内婚前医学检查人数与结婚登记人数之比。婚前医学检查人数指报告期本地区对准备结婚的男女双方进行结婚和生育相关疾病的医学检查人数（即按照《婚前保健工作规范》要求进行了婚前医学检查的人数）。结婚登记人数指报告期本地区结婚登记人数（含初婚、再婚）。计算公式为：

婚前医学检查率 = 某地区年内婚前医学检查人数 / 该地区年内结婚登记人数 ×100%

**孕前优生健康检查目标人群覆盖率** 指年内孕前优生检查总人数与计划怀孕夫妇人数之比。适用范围是孕前优生健康检查目标人群。孕前优生检查总人数指该地区该统计年度内接受优生健康教育、病史询问、孕前医学检查、咨询指导一项及一项以上服务，并建立孕前优生健康检查技术服务家庭档案的计划怀孕夫妇人数。若夫妇中只有一方接受服务按 1 人统计；若夫妇双方均接受服务，按 2 人统计。计算公式为：

孕前优生健康检查目标人群覆盖率 = 某地区年内孕前优生检查总人数 / 该地区年度计划怀孕夫妇人数 ×100%

## 教育

**生师比** 是指在校学生数与学校专任教师数的比例。生师比是测算学校师资需求量的数量指标，也是反映学校人力资源利用效率的指标。

**学前教育毛入园率** 指学前教育在园（班）幼儿数（不考虑年龄）占 3-5 岁年龄组人口数（个别地区为 4-6 岁年龄组人口数）的百分比。计算公式为：

学前教育毛入园率 = 学前教育在园（班）幼儿总数 /3-5 岁年龄组人口数（个别地区为 4-6 岁年龄组人口数）×100%

**小学学龄儿童净入学率** 指调查范围内已入小学学习的学龄儿童占校内外学龄儿童总数的比重。

**初中阶段毛入学率** 指初中阶段在校生总数占国家规定初中阶段年龄组人口数的百分比。

**九年义务教育巩固率** 指初中毕业班学生数占该年级入小学一年级时学生数的百分比。根据教育部门有关统计资料推算。计算公式为：

九年义务教育巩固率 = 初中毕业班学生数 / 该年级入小学一年级人数 ×100%

**高中阶段毛入学率** 指高中阶段（包括普通高中、成人高中、中等职业学校）在校学生总数占 15-17 岁学龄组人口数的百分比。

**高等教育毛入学率** 指高等教育（包括国家承认学历的各类高等教育：研究生、普通高校本专科、成人本专科、高等学历文凭考试专科、网络教育本专科、自学考试本专科、军事院校本专科等）在校学生总数与 18-22 岁年龄组人口数的比重，一般以百分比表示。

**教职工数** 指在学校（机构）工作并由学校（机构）支付工资的教职工人数。包括校本部教职工、科研机构人员、校办企业职工、其他附设机构人员。

**专任教师** 指具有教师资格，专职从事教学工作的人员。

**特殊教育** 指独立设置的招收盲聋哑等残疾儿童，以及其他特殊需要的儿童和青少年进行普通或职业初中、中等教育的教学。

**进城务工人员随迁子女** 是指户籍登记在外省（区、市）、本省外县（区）的乡村，随务工父母到输入地的城区、镇区（同住）并接受义务教育的适龄儿童。

## 就业与社会保障

**就业人员** 指在一定年龄以上，有劳动能力，为取得劳动报酬或经营收入而从事一定社会劳动的人员。具体指年满16周岁，为取得报酬或经营利润，在调查周内从事了1小时及以上劳动的人员；或由于学习、休假等原因在调查周内暂时处于未工作状态，但有工作单位或场所的人员；或由于临时停工放假、单位不景气放假等原因在调查周内暂时处于未工作状态，但不满三个月的人员。

**单位就业人员** 指报告期末最后一日在本单位工作，并取得工资或其他形式劳动报酬的人员数。该指标为时点指标，不包括最后一日当天及以前已经与单位解除劳动合同关系的人员，是在岗职工、劳务派遣人员及其他就业人员之和。就业人员不包括：

1. 离开本单位仍保留劳动关系，并定期领取生活费的人员；
2. 在本单位实习的各类在校学生数；
3. 本单位以劳务外包形式使用的人员，如：建筑业整建制使用的人员。

**城镇登记失业人员** 指有非农业户口，在一定的劳动年龄内（16周岁至退休年龄），有劳动能力，无业而要求就业，并在当地劳动保障部门进行失业登记的人员。

**城镇调查失业率** 城镇调查失业率是国际劳工组织通用的一个指标，是反映城镇常住经济活动人口中，符合失业条件的人数占全部城镇常住经济活动人口的比重。计算公式为：

城镇调查失业率 = 城镇调查失业人数 /（城镇调查从业人数 + 城镇调查失业人数）×100%

**就业困难人员** 指符合就业促进法规定的相关条件的人员，一般指大龄、身有残疾、享受最低生活保障、连续失业一年以上，以及因失去土地等原因难以实现就业的人员。具体范围由各省、自治区、直辖市人民政府根据本地实际情况规定。

**城镇职工基本养老保险参保人数** 指报告期末按国家有关法律、法规和有关政策规定参加城镇基本养老保险，并在社保经办机构已建立缴费记录档案的职工人数（包括中断缴费但未终止养老保险关系的职工人数，不包括只登记未建立缴费纪录档案的人数）和离休、退休和退职人员的人数。

**城乡居民基本养老保险参保人数** 指报告期末，参加城乡居民养老保险（在经办机构参保登记并已建立缴费记录以及制度实施当年已经年满 60 周岁并在经办机构参保登记）的人数（不包括已经办理注销登记手续的人数）。

**职工基本医疗保险参保人数** 指报告期末参加职工基本医疗保险（实施统帐结合和单建统筹基金）的在职职工人数和退休人数的合计。

**城乡居民基本医疗保险参保人数** 指报告期末，参加城镇居民和农村居民基本医疗保险的人数。

**失业保险参保人数** 指报告期末城镇企业、事业单位职工参加失业保险的人数及按地方规定参加失业保险的其他人员人数之和。

**工伤保险参保人数** 指报告期末参加工伤保险的人数。

**生育保险参保人数** 指报告期末参加生育保险的职工人数。

**残疾人就业人数** 指本年度通过集中就业、按比例就业、个体就业、公益性岗位就业、辅助性就业、从事农业种养、灵活就业形式实现就业的城镇残疾人。

**执行《女职工劳动保护特别规定》的企业比重** 指在被调查的企业中执行了女职工“四期劳动保护”或女职工禁忌从事劳动范围规定的企业数占被调查企业总数的比重。女职工包括所有从事体力劳动和脑力劳动的已婚、未婚的女性职工。女职工“四期劳动保护”是指《劳动法》和《女职工劳动保护特别规定》中对女职工经期、孕期、产期、哺乳期有关劳动权利和享受待遇等各项规定。女职工禁忌从事的劳动范围是指《女职工劳动保护特别规定》附录中的各项明确规定。

## 社会服务

**城市居民最低生活保障人数** 指在报告期末共同生活的家庭成员人均收入低于当地最低生活保障标准，且家庭财产状况符合相关规定的城镇居民，并已发放补助经费的人数。

**农村居民最低生活保障人数** 指报告期末共同生活的家庭成员人均收入低于当地最低生活保障标准，得到当地政府给予最低生活保障待遇的农业人口家庭人数。

**农村特困救助供养人员** 指无劳动能力、无生活来源、无法定赡养、抚养、扶养义务人或者其法定义务人无履行义务能力的农村老年人、残疾人以及未满 16 周岁的未成年人，且被依法纳入特困人员救助供养范围、享受供养待遇的人员。

**提供住宿的民政服务机构数** 指能为老年人、残疾人、智障与精神病人、儿童等人员提供住宿的社会服务机构数。包括社会福利院、农村特困人员救助供养机构、光荣院、养老公寓等其他养老机构、社会福利医院、儿童福利院、未成年人救助保护中心、流浪乞讨人员救助管理站、安置农场以及其他提供住宿的机构。

**儿童收养救助机构数** 为儿童提供收养救助服务的机构数，包括儿童福利机构和未成年人救助保护中心。

**被中国公民收养** 指收养人是中国公民（包括港澳台居民及华侨）的儿童收养登记数。

**孤儿** 指失去父母或查找不到生父母的未满 18 周岁的未成年人的人数。由地方县级以上民政部门依据有关规定和条件认定的，并已经领取了孤儿补助费的孤儿。

**基层组织中持有证书的专业社会工作者人数** 指在基层群众自治组织中参加全国统一助理社会工作师、社会工作师职业水平考试合格，并获得由人社部统一印制、人社部和民政部共同用印的《中华人民共和国社会工作者职业水平证书》的人员数。

**未成年人救助保护中心** 对生活无着的流浪乞讨未成年人实施救助，提供基本生活照料和教育、心理疏导、行为矫治等服务的专门机构。一般与救助管理站相对独立设置。

**残疾儿童接受康复救助人数** 指年度内接受康复救助的 0-17 岁残疾儿童人数，包括接受手术、辅助器具配置、康复训练等康复救助服务的视力、听力、言语、肢体、智力等残疾儿童和孤独症儿童。

**结婚登记人数** 指某地区报告期内，符合《婚姻法》要求，在该地民政部门登记结婚的全部人数。

**结婚率** 指某地区报告期内（通常为一年）符合《婚姻法》要求，在民政部门登记并领取《结婚证》的对数占该地区报告期内平均人口的比值，一般以千分率表示。计算公式为：

结婚率 = 报告期内登记结婚对数 / 报告期内平均人口 ×1000‰

**离婚率** 指某地区当年离婚对数占该地区年内平均人口的比重，一般以千分率表示。计算公式为：

离婚率 = 报告期内离婚对数 / 报告期内平均人口 ×1000‰

## 社会参与

**企业职工代表大会中女性代表比重** 指已建工会企业职工代表大会的女代表人数占全部职工代表人数的比重。

职工代表的职责是代表职工群众参加企业民主管理，对选举人负责。职工代表应该由企业职工直接选举产生。计算公式为：

企业职工代表大会中女性比例 = 职工代表大会的女代表人数 / 全国已建工会企业全部职工代表人数 ×100%

**企业董事会中女职工董事占职工董事比重** 指已建工会企业董事会中女职工董事占全部职工董事的比重。职工董事是指依照《中华人民共和国公司法》，通过职工代表大会或其他形式民主选举产生，作为公司董事会正式成员进入公司董事会，代表职工行使决策权利的职工代表。计算公式为：

企业董事会中女职工董事占职工董事的比重 = 企业董事会中女职工董事人数 / 全国已建工会企业职工董事人数 ×100%

**企业监事会中女职工监事占职工监事比重** 指已建工会企业监事会中女职工监事占全部职工监事的比重。职工监事是指依照《中华人民共和国公司法》，通过职工代表大会或其他形式民主选举产生，作为公司监事会正式成员进入公司监事会，代表职工行使监督权利的职工代表企业监事会中女职工监事占全部职工监事的比重。职工监事是指依照《中华人民共和国公司法》，通过职工代表大会或者其他形式民主选举产生，作为公司监事会正式成员进入公司监事会，代表职工行使决策权利的职工代表。计算公式为：

企业监事会中女职工监事占职工监事的比重 = 企业监事会中女职工监事人数 / 全国已建工会企业职工监事人数 ×100%

**社会团体** 是指中国公民自愿组成，为实现会员共同意愿，按照其章程开展活动的非营利性社会组织。根据登记管理政府的级别，社会团体分为：中央本级、省级、地级、县级。

**基金会** 是指利用自然人、法人或者其他组织捐赠的财产，以从事公益事业为目的，按照国家的《基金会管理条例》规定成立的非营利性法人。基金会分为面向公众募捐的基金会（简称公募基金会）和不得面向公众募捐的基金会（简称非公募基金会）。公募基金会按照募捐的地域范围，分为全国性公募基金会和地方性公募基金会。

**民办非企业** 是指企业事业单位、社会团体和其他社会力量以及公民个人利用非国有资产举办的，从事非营利性社会服务活动的社会组织。

**居民委员会成员中女性比重** 指依照法律规定，经选举产生的居委会成员中女性所占比重。居委会成员包括居民委员会的主任、副主任和委员。计算公式为：

居委会成员中女性比重 = 居民委会成员中女性人数 / 居民委会成员总人数 ×100%

**居委会主任中女性比重** 指依照法律规定，经选举产生的居民委员会主任中女性所占比重。计算公式为：

居委会主任中女性比重＝居委会主任中女性人数／居委会主任总人数×100%

**村民委员会成员中女性比重** 指依照法律规定，经选举产生的村民委员会成员中女性所占比重。村委会成员包括村民委员会的主任、副主任和委员。计算公式为：

村委会成员中女性比重＝村委会成员中女性人数／村委会成员总人数×100%

**村委会主任中女性比重** 指依照法律规定，经选举产生的女性村民委员会主任中女性所占比重。计算公式为：

村委会主任中女性比重＝村委会主任中女性人数／村委会主任总人数×100%

## 科技

**两院院士** 是对中国科学院院士和中国工程院院士的统称，是在某一领域内的资深专家。两院院士均从国内外最优秀的科学家中选出，每两年增选一次。

**研究与试验发展** 即R&D，指在科学技术领域，为增加知识总量、以及运用这些知识去创造新的应用而进行的系统的、创造性的活动，包括基础研究、应用研究、试验发展三类活动。国际上通常采用R&D活动的规模和强度指标反映一国的科技实力和核心竞争力。

**R&D人员** 指参与研究与试验发展项目研究、管理和辅助工作的人员，包括项目（课题）组人员，企业科技行政管理人员和直接为项目（课题）活动提供服务的辅助人员。反映投入从事拥有自主知识产权的研究开发活动的人力规模。

**全国学会理事会理事** 指经会员代表大会选举产生的全国学会理事。

**表彰奖励科技人员** 指本单位正式行文表彰（含命名）的，在科技工作中有特殊贡献的科技人员。一般的表扬鼓励和专门针对本单位工作人员的表彰奖励不统计在内。统计范围：中国科协、省级科协、计划单列市科协、省会城市科协、全国学会和省级学会。

## 法律保护

**律师** 依法取得律师执业证书，为社会提供法律服务的执业人员。通常接受当事人的委托，代理诉讼及处理其他法律事务。

**公证员** 依据《公证员执业管理办法》（司法部令第 102 号）第二条：公证员是符合《公证法》规定的条件，经法定任职程序，取得公证员执业证书，在公证机构从事公证业务的执业人员。公证员的配备数量，根据公证机构的设置情况和公证业务的需要确定。公证员配备方案，由省、自治区、直辖市司法行政机关编制和核定，报司法部备案。

**破获强奸案件数** 指某地区一定时间（通常为一年）内，公安机关破获的强奸案件数。强奸案件指违背妇女意愿，使用暴力、胁迫或者其他手段，强行与妇女发生性关系的案件。

**破获拐卖妇女 / 儿童案件数** 指某地区一定时间（通常为一年）内，公安机关破获拐卖妇女 / 儿童案件数。拐卖妇女 / 儿童案件指以出卖为目的，拐骗、收买、贩卖、接送、中转妇女 / 儿童的案件。

**破获组织、强迫、引诱、容留、介绍妇女卖淫案件数** 指某地区一定时间（通常为一年）内，公安机关破获组织、强迫、引诱、容留、介绍妇女卖淫案件数。

**刑事犯罪受害人性别构成** 指某地区一定时间（通常为一年）内，遭受刑事犯罪直接受害的人中男女各占全部直接受害人的比重。一般用百分比表示。

**青少年作案成员占全部作案人员的比重** 指某地区一定时间（通常为一年）内，在公安机关抓获的全部刑事案件作案成员中，14 周岁以上不满 26 周岁作案成员所占的比重。

**少年法庭数** 指人民法院为维护未成年人合法权益、预防矫治未成年人犯罪而建立的少年法庭数量。少年法庭包括专门审理涉及未成年人刑事、民事、行政案件的审判庭、合议庭、审判团队，以及只专门办理涉未成年人案件的法官。

**青少年罪犯** 指人民法院在报告期内判决发生法律效力的有罪判决中 14 周岁以上不满 25 周岁的罪犯。其中 14 周岁以上不满 18 周岁的罪犯为未成年罪犯。

**获得法律援助机构援助的受援人数** 指符合法律援助条件，经法律援助机构审查批准获得法律援助的受援人数。

## 生活和社会环境

**森林面积** 包括郁闭度 0.2 以上的乔木林地面积和竹林面积，国家特别规定的灌木林地面积、农田林网以及村旁、路旁、水旁、宅旁林木的覆盖面积。

**森林覆盖率** 指以行政区域为单位的森林面积占区域土地总面积的百分比。

**人均水资源量** 指在一个地区（流域）内，某一个时期按人口平均每个人占有的水资源量。

**建成区绿化覆盖率** 指报告期末建成区内绿化覆盖面积与建成区面积的比率。

**生活垃圾无害化处理率** 指报告期生活垃圾无害化处理量与生活垃圾产生

量的比率，一般以百分比表示。在统计上，由于生活垃圾产生量不易取得，可用清运量代替。

**人均公园绿地面积** 指报告期末区域内城区人口平均每人拥有的公园绿地面积。

**少儿图书馆** 指为18岁以下儿童提供服务的图书馆。

**少儿图书馆总藏量** 指少儿图书馆中已编目的图书、期刊和报纸的合订本、小册子、手稿，以及缩微制品、录像带、录音带、光盘等试听文献资料的数量之和。

**未成年人参观博物馆人次** 指接待有组织的集体参观人次与零散观众中能够确切统计的未成年人参观人次的总和。

**文化馆组织未成年人活动专场** 指文化馆本馆或与外机构联合专门为18岁以下少年儿童、家长和少儿工作者举办的各种文艺演出等活动专场。

**公共图书馆少儿阅览室坐席数** 指公共图书馆中专门提供给少年儿童使用的座位数。

**公共图书馆中少儿文献** 指公共图书馆中供少儿阅览的文献，包括图书、绘本、画册、连环画等。

**出版儿童期刊种类/数量** 指经新闻出版行政管理部门机关批准公开出版的，以初中及以下儿童为对象的期刊（图书）种类/数量。

**儿童图书出版物** 指供初中及以下少年儿童课外阅读的休闲书籍，不包括九年义务教育的课本（及其补充读物）和教辅。

**儿童音像制品数量** 指以初中及以下少年儿童为受众对象的音像制品出版物，不包括教材、教辅等音像制品出版物。由于音像制品包括磁带、录像带、CD、VCD、DVD等几种形式，统计时可以先分别计算，再合并计算。

**广播/电视节目综合人口覆盖率** 指报告期末，根据国家广播电视总局制定的《广播电视人口覆盖率统计技术标准和方法》进行统计调查的，在对象区内能接收到由中央、省、地市、县播出机构通过无线、有线、卫星等各种技术方式转播的各级广播/电视节目的人口数占对象区总人口数的比重。

**少儿广播节目播出时间** 指广播电视播出机构全年面向少年儿童的广播节目播出时间，包括少儿频率和少儿专题节目播出的时间，含节目重复播出时间。

**少儿电视节目播出时间** 指广播电视播出机构全年面向少年儿童的电视节目（包含面向少年儿童的电视动画片）播出时间，包括少儿频道和少儿专题节目播出的时间，含节目重复播出时间。

**电视动画播出时间** 指广播电视播出机构全年播出的电视动画的时长，含重复播出时间。

**妇女之家数** 指本年度末设立在乡镇、街道、村、社区的妇女之家，还包括女性集中的特色产业链、生产基地、经济合作组织、专业合作社、行业协会、商务楼宇、专业市场等领域的妇女之家的个数。

**儿童之家数** 指本年度末以保护儿童权利和促进儿童发展为宗旨，向儿童提供游戏、娱乐、教育、卫生和社会心理支持等一体化服务的场所个数，应有必须的活动设施，室内面积一般不少于 30 平方米，有专职或兼职工作人员，含早教指导中心、四点半学校以及为留守流动儿童提供亲情沟通、生活托管、家教指导、心理咨询、社工服务和丰富活动的场所。

**各级表彰的五好家庭** 指本年度内县及县以上妇联表彰的五好家庭的户数。

**各级表彰的三八红旗手** 指本年度内县及县以上妇联表彰的三八红旗手的人数。

**各级揭晓的“最美家庭”** 指本年度内各级妇联组织揭晓的“最美家庭”的户数。

**社区少先队实践教育营地（基地）数量** 指街道（社区）、乡镇（村）少先队组织利用辖区内的各类党群阵地、文化场馆、社会资源建设的少先队校外实践教育营地（基地）数量。